बेंजामिन फ्रैंकलिन
की
आत्मकथा

कुछ प्रमुख जीवनियाँ

ईश्वरचंद्र विद्यासागर
नेपोलियन बोनापार्ट
चंद्रशेखर आजाद
लाला हरदयाल
राजा राममोहन राय
आनंदमूर्ति
बेंजामिन फ्रैंकलिन की आत्मकथा
जगदीशचंद्र बसु
लोकमाता अहिल्याबाई
लोकमान्य बाल गंगाधर तिलक
लियोनार्दो द विंची
शिखर भारतीय महिलाएँ
भीखाजी कामा
प्रथम अंतरिक्ष यात्री यूरी गागरिन
लियो टॉलस्टॉय
आचार्य विनोबा भावे
स्वामी रामदेव
आर्यभट
अन्ना हजारे
नेल्सन मंडेला
महर्षि अरविंद घोष
कस्तूरबा गांधी
कर्नल जिम कॉर्बेट
मौलाना अबुल कलाम आज़ाद
होमी जहाँगीर भाभा
नेताजी सुभाषचंद्र बोस
भगिनी निवेदिता
भारत कोकिला सरोजिनी नायडू
स्टीफन हॉकिंग
गोपाल कृष्ण गोखले
गुरुदेव रवींद्रनाथ टैगोर
स्वामी दयानंद सरस्वती
विपिनचंद्र पाल
निकोलस कॉपरनिकस

बेंजामिन फ्रैंकलिन की आत्मकथा

बेंजामिन फ्रैंकलिन

प्रभात प्रकाशन

प्रकाशक

प्रभात प्रकाशन प्रा. लि.

4/19 आसफ अली रोड, नई दिल्ली–110002

फोन : 011–23289777 • हेल्पलाइन नं. : 7827007777

इ–मेल : prabhatbooks@gmail.com ❖ वेब ठिकाना : www.prabhatbooks.com

संस्करण

2025

पेपरबैक मूल्य

दो सौ पचास रुपए

मुद्रक

नरुला प्रिंटर्स, दिल्ली

———— ★ ————

BENJAMIN FRANKLIN KI ATMAKATHA

(Autobiography of Benjamin Franklin)

by Benjamin Franklin

Published by **PRABHAT PRAKASHAN PVT. LTD.**

4/19 Asaf Ali Road, New Delhi-110002

ISBN 978-93-5048-327-5

₹250.00 (PB)

पृष्ठभूमि

बेंजामिन फ्रैंकलिन का जन्म 6 जनवरी, 1706 को मिलक स्ट्रीट, बोस्टन में हुआ था। उनके पिता जोसिए फ्रैंकलिन जानवरों की चर्बी का व्यापार करते थे। जोसिए फ्रैंकलिन ने दो शादियाँ की थीं और उनसे जनमी 17 संतानों में बेंजामिन सबसे छोटे थे। 10 वर्ष की उम्र में ही उन्हें स्कूली शिक्षा समाप्त करनी पड़ी और 12 वर्ष की उम्र में उन्होंने प्रशिक्षु के रूप में अपने भाई जेम्स फ्रैंकलिन के प्रिंटिंग प्रेस में कार्य करना आरंभ कर दिया। जेम्स फ्रैंकलिन द्वारा 'न्यू इंग्लैंड कोरैंट' नामक जर्नल प्रकाशित किया जाता था। आगे चलकर बेंजामिन उस जर्नल के संपादक हुए। लेकिन दोनों भाइयों में विवाद हो जाने की वजह से बेंजामिन वह काम छोड़कर न्यूयॉर्क चले गए और अक्तूबर 1723 में वे फिलाडेल्फिया पहुँचे। वहाँ शीघ्र ही उन्हें एक प्रिंटिंग प्रेस में नौकरी मिल गई, जहाँ कुछ ही महीने काम करने के पश्चात् गवर्नर कीथ ने उन्हें किसी कारोबार के सिलसिले में लंदन जाने के लिए राजी कर लिया। किंतु लंदन पहुँचकर उन्होंने पाया कि गवर्नर कीथ के वादे खोखले थे और उन्होंने वहीं पुनः किसी प्रिंटिंग प्रेस में नौकरी कर ली। बाद में डेनमन नामक एक व्यापारी के आग्रह पर वे फिलाडेल्फिया लौट आए और उसके व्यवसाय में हाथ बँटाने लगे। डेनमन की मृत्यु के पश्चात् उन्होंने अपना स्वयं का प्रिंटिंग प्रेस स्थापित किया और 'द पेंसिल्वेनिया गजट' का प्रकाशन प्रारंभ किया। उन्होंने उस पत्र में स्वलिखित अनेक निबंध प्रकाशित किए और उसे अनेक स्थानीय सुधारों हेतु आवाज उठाने का माध्यम बनाया। सन् 1732 में उन्होंने अपना प्रसिद्ध 'पुअर रिचाड्‍र्स एलमैनक' जारी किया,

जिसके माध्यम से उठाई गई सारयुक्त आवाजों के कारण उन्होंने अच्छी ख्याति अर्जित की। 1758 में उन्होंने 'अलमैनक' में स्वयं के लेखों का प्रकाशन रोक दिया। उन्होंने उसमें 'फादर अब्राहम सर्मन' को छापना प्रारंभ किया, जिसे औपनिवेशिक अमेरिका में साहित्य का प्रसिद्ध हिस्सा माना जाता है। इस दौरान फ्रैंकलिन ने स्वयं को ज्यादातर जनता के मुद्दों से जोड़ लिया। उन्होंने एक अकादमी की योजना तैयार की, जिसे स्वीकार कर लिया गया। आगे चलकर यही अकादमी 'यूनिवर्सिटी ऑफ पेंसिल्वेनिया' में तब्दील हो गई। वैज्ञानिक अनुसंधान से जुड़े लोगों द्वारा उनकी खोजों के विषय में चर्चा हेतु मंच तैयार करने की दिशा में उन्होंने 'अमेरिकन फिलॉसफिकल सोसाइटी' की स्थापना की। उन्होंने स्वयं भी विद्युत् से संबंधित अनेक अनुसंधान किए।

राजनीति में जहाँ उनमें एक कुशल प्रशासक की छवि देखी गई, वहीं नौकरियों में भाई-भतीजावाद जैसे मुद्दों के कारण वे विवादग्रस्त भी रहे। घरेलू राजनीति में डाक संबंधी सुधार उनकी सर्वाधिक महत्त्वपूर्ण सेवा थी। किंतु एक राजनीतिज्ञ के रूप में ग्रेट ब्रिटेन एवं फ्रांस के साथ उपनिवेशों से संबंधित सेवाएँ उनकी प्रसिद्धि का प्रमुख आधार साबित हुईं। सन् 1757 में उपनिवेश की सरकार में पेंस के प्रभाव का विरोध करने के लिए उन्हें इंग्लैंड भेजा गया, जहाँ उन्होंने जनता एवं इंग्लैंड मंत्रालय को औपनिवेशिक दशाओं की जानकारी देते हुए पाँच वर्ष बिताए। अमेरिका लौटकर उन्होंने 'पैक्स्टन मामले' में सम्माननीय भूमिका निभाई, जिसकी वजह से उन्हें असेंबली में अपनी सीट भी गँवानी पड़ी। सन् 1764 में पुनः उन्हें उपनिवेश के एजेंट के रूप में इंग्लैंड भेजा गया। किंतु इस बार उन्हें राजा (किंग) से दलालों के हाथ से सत्ता छीनने हेतु अनुरोध करने का कार्य सौंपा गया था। लंदन में सक्रिय रूप से उन्होंने स्टैंप एक्ट (डाक अधिनियम) का विरोध किया; लेकिन अपने एक अमेरिकी मित्र को स्टांप एजेंट का पद हासिल कराने के सिलसिले में उन्हें इस श्रेय से हाथ धोना पड़ा। 1767 में जब वे फ्रांस से गुजरे तो उनका हार्दिक अभिनंदन किया गया। किंतु 1775 में अपनी स्वदेश वापसी से पूर्व ही व्हाकिंस एवं

ओलिवर के ऐतिहासिक पत्र की जानकारी मैसाचुसेट्स को उपलब्ध कराने के आरोप में उन्हें पोस्टमास्टर की हैसियत से हटा दिया गया। फिलाडेल्फिया लौटने पर उन्हें 'कांटिनेंटल कांग्रेस' का सदस्य चुना गया और वर्ष 1777 में संयुक्त राज्य अमेरिका के आयुक्त (कमिश्नर) के रूप में फ्रांस भेज दिया गया। वहाँ वर्ष 1785 तक रहकर उन्होंने अपने देश का कामकाज बड़ी कुशलता एवं बुद्धिमत्तापूर्वक निभाया। अंततः जब वे स्वदेश लौटे तो अमेरिका की स्वतंत्रता के लिए जॉर्ज वाशिंगटन के बाद उन्हें दूसरा स्थान अर्जित करने का श्रेय हासिल हुआ। 17 अप्रैल, 1790 को उनका देहावसान हुआ।

सन् 1771 में उनकी आत्मकथा के पाँच अध्याय इंग्लैंड में लिखे गए, जिन्हें 1784-85 में पुनः आरंभ किया गया। तत्पश्चात् सन् 1788 में इसे 1757 तक की घटनाओं तक लाया गया।

काफी जद्दोजहद के पश्चात् उनकी हस्तलिपि को मौलिक रूप में अंततः जॉन बिगेलो द्वारा मुद्रित किया गया और इसके मूल्य की मान्यता में औपनिवेशिक दौर के सर्वाधिक महत्त्वपूर्ण व्यक्तित्वों में से एक तथा दुनिया की महान् आत्मकथाओं में से एक के रूप में इसकी पुनःप्रस्तुति की जा रही है।

अनुक्रम

मेरी आत्मकथा

प्रिय बेटे, मुझे सदा अपने पूर्वजों के छोटे-छोटे किस्सों की जानकारी मिलने पर खुशी हुई है। जब तुम मेरे साथ लंदन में थे तो मैंने अपने रिश्तेदारों के विषय में तुमसे प्रश्न पूछे थे। और इसी विशेष उद्देश्य से ही मैं तुम्हारे पास आया था। मैं सोचता हूँ, तुम्हें मेरे जीवन की परिस्थितियों के विषय में (खासकर जिनसे तुम परिचित भी नहीं हो) जानना तुम्हें अच्छा लगेगा। चूँकि वर्तमान में मेरे गाँव प्रवास के दौरान सप्ताह भर का व्यवधानहीन समय है, इसलिए मैं उन बातों को तुम्हारे लिए लिखना चाहता हूँ। उन बातों को लिखे जाने के और भी कुछ कारण हैं। गरीबी और गुमनामी, जिनमें मैं पला-बढ़ा, से उभरकर मैंने दुनिया में समृद्धि और कुछ शोहरत हासिल की है। जीवन में अब तक की यात्रा के दौरान मेरे हिस्से में जो खास खुशी मुझे हासिल हुई, कुछ कारगर साधन मैंने प्रयुक्त किए और जो ईश्वर की कृपा से कामयाब भी हुए—इन सभी बातों के बारे में मेरी आनेवाली पीढ़ियाँ जानना चाहेंगी; क्योंकि ये बातें उनकी अपनी परिस्थितियों के लिए अनुकूल एवं अनुकरणीय हो सकती हैं। इन बातों को स्मरण करते-करते कभी-कभी मैं सोचने लगता हूँ कि यदि मुझे मौका मिले तो पुनः अपनी वही जिंदगी जीने में मुझे कोई एतराज नहीं होगा। किंतु मैं इसी जीवन की फिर से शुरुआत करने में उसी लाभ की गुजारिश करूँगा, जो एक लेखक को अपनी पुस्तक के दूसरे संस्करण के दौरान मिलता है, जिसमें वह प्रथम संस्करण के दौरान हुई गलतियों को दूर कर लेता है। यदि ऐसा होता तो इस जीवन की गलतियों को सुधारने के अलावा कुछ अनर्थकारी घटनाओं को भी मैं बदल देता, जिससे

कि यह जीवन औरों के लिए ज्यादा लाभदायक बन पड़ता। चूँकि जीवन की ऐसी कोई पुनरावृत्ति संभव नहीं होती, इसलिए अधिकतर लोगों को अपने जीवन के संस्मरणों को लिखकर जीने का ही एकमात्र विकल्प महसूस होता है और इस कार्य को शुरू करते हुए मैं भी सामान्यतः ऐसे वृद्ध लोगों की स्वाभाविक प्रवृत्ति अपना रहा हूँ, जब वे स्वयं की और अपने बीते समय की बातें करते हुए थकते नहीं हैं। किंतु इस प्रवृत्ति को अपनाते हुए मैं कम-से-कम किसी के लिए ऐसी स्थिति पैदा नहीं करूँगा, जिससे अन्य वृद्ध लोगों की तरह मेरी उम्र का सम्मान करते हुए लोगों को मेरी बात सुननी ही पड़े। क्योंकि इसे पढ़ना या न पढ़ना उनकी इच्छा पर निर्भर होगा और अंततः (मैं इसे स्वीकार भी करता हूँ, क्योंकि इससे मेरे इनकार करने पर कोई विश्वास नहीं करेगा) मैं यह कहना चाहता हूँ कि शायद अपने दंभ की बहुत ज्यादा मैं तुष्टि भी करूँ। ज्यादातर लोग दूसरों के दंभ को पसंद नहीं करते, भले ही यह स्वयं उनमें कितना भी क्यों न हो। लेकिन मैं इसे इतना भी गलत नहीं मानता, क्योंकि मेरा विश्वास है कि इससे धारक में कुछ अच्छाइयाँ उत्पन्न होती हैं। इसीलिए कुछ मामलों में किसी व्यक्ति के जीवन में अन्य ऐशो-आराम के साथ-साथ उसके दंभ के लिए भी ईश्वर को धन्यवाद देना पूरी तरह मूर्खतापूर्ण नहीं हो सकता और अब ईश्वर का धन्यवाद करते हुए मैं पूरी विनम्रता के साथ स्वीकार करता हूँ कि अपने बीते जीवनकाल में उसी की प्रेरणा और अनुकंपा से मैंने वे साधन प्रयोग में लिये, जिनसे मुझे सफलता और खुशी हासिल हुई। मेरा यही विश्वास है कि अभी भी यह अनुकंपा मुझ पर बनी रहेगी, जिससे मेरी खुशियाँ जारी रहें या दुर्भाग्य के चक्र प्रारंभ होने पर मुझमें उनसे लड़ने का साहस बरकरार रहे।

मेरे एक अंकल परिवार से जुड़ी बातें संगृहीत करने में मेरी तरह ही उत्सुक थे। एक बार उन्होंने मुझे कुछ नोट्स दिए, जिनमें हमारे पूर्वजों से संबंधित अनेक विवरण उपलब्ध थे। इन्हीं नोट्स से मुझे मालूम हुआ कि हमारा परिवार लगभग 300 वर्षों से एक्टॉन (नार्थ एंपटनशायर) गाँव में ही रहा और उसे ज्ञात नहीं कि कितने समय से लगभग 30 एकड़ के मालिकाना हक में वे काबिज रहे। शायद यह तभी से था, जब राज्य में सभी परिवारों ने

अपने-अपने उपनाम ग्रहण किए और उन्होंने भी 'फ्रैंकलिन', उपनाम ग्रहण किया, जो पहले लोगों के एक वर्ग का नाम था। जब मैंने एक्टॉन गाँव के रजिस्टरों की जाँच की तो मुझे वर्ष 1555 से अपने पूर्वजों के जन्मों, विवाहों एवं अंतिम संस्कारों की जानकारी मिली। इसके पूर्व इस गाँव में ऐसे अभिलेखों के रजिस्टर नहीं रखे जाते थे। इसी रजिस्टर से मुझे ज्ञात हुआ कि मैं पाँच पीढ़ियों पूर्व के सबसे छोटे बेटे का सबसे छोटा बेटा था। मेरे दादाजी का नाम थॉमस था। उनका जन्म सन् 1598 में हुआ था। वे एक्टॉन में तब तक रहे जब तक कि बहुत वृद्ध नहीं हो गए। अब चूँकि वे अपना कारोबार सँभालने में सक्षम नहीं थे, इसलिए वे अपने पुत्र जॉन के साथ रहने के लिए बानब्यूटी (ऑक्सफोर्ड शायर) चले गए, जहाँ वह रँगरेज का काम करता था। उनका (दादाजी) देहावसान भी वहीं हुआ और उन्हें वहीं दफनाया गया। हमने सन् 1758 में उनकी कब्र देखी। उनका सबसे बड़ा बेटा थॉमस एक्टॉन में एक मकान में रहता था। उसने वह मकान और जमीन उसकी एकमात्र संतान (एक बेटी) के लिए विरासत में छोड़ी। बाद में उसकी बेटी ने अपने पति (जिसका नाम फिशर था और वह वेलिंगबॉरो का निवासी था) के साथ मिलकर मिस्टर आइस्टेड को उसे बेच दिया। मेरे दादाजी के चार बेटे थे—थॉमस, जॉन, बेंजामिन व जोसिए। मेरे सामने रखे हुए कागजातों से जितना संभव है, मैं उनके विषय में चर्चा करूँगा और यदि मेरी अनुपस्थिति (मृत्योपरांत) में ये कागजात सलामत रहे तो तुम्हें स्वयं इसमें से कुछ और जानकारी हासिल करने में मदद मिल सकती है।

थॉमस को उसके पिता द्वारा लुहार के रूप में प्रशिक्षित किया गया था; किंतु प्रतिभावान होने के कारण और उस गाँव के एक भद्रपुरुष एस्क्वायर पामर द्वारा शिक्षा के लिए प्रोत्साहित किए जाने पर उसने स्वयं को स्क्रीवेनर व्यवसाय के लिए तैयार कर लिया। वह काउंटी (County) में एक प्रमुख व्यक्ति बन गया। वह काउंटी में जनता की भावनाओं से जुड़े उद्यमों हेतु प्रमुख प्रस्तावकर्ता हो गया। 6 जनवरी, 1702 को उसकी मृत्यु हो गई। उसके जीवन और चरित्र के विषय में जो जानकारी हमें एक्टॉन के कुछ वृद्ध लोगों से प्राप्त हुई, उससे मुझे याद है कि तुम एकदम विस्मित हो गए थे, क्योंकि यह बहुत

हद तक मेरे जीवन एवं चरित्र से मिलती-जुलती हुई थीं।

जॉन की (मेरा मानना है) ऊन के रँगरेज के व्यवसाय हेतु प्रशिक्षित किया गया था। बेंजामिन को रेशम के रँगरेज का प्रशिक्षण दिया गया था और वह लंदन में बतौर प्रशिक्षु कार्य कर रहा था। वह एक प्रतिभाशाली व्यक्ति था। मुझे यह अच्छी तरह याद है, क्योंकि जब मैं बच्चा था तब वह बोस्टन में हमारे घर आया था और कुछ वर्षों तक हमारे साथ रहा। उसने एक लंबा जीवनकाल बिताया। उसका पोता सैमुअल फ्रैंकलिन अब बोस्टन में रहता है। उसने अपनी कुछ छोटी-छोटी कविताएँ लिख छोड़ी थीं, जिनमें उसके मित्रों एवं संबंधियों को संबोधित किया गया था। उसने अपना स्वयं का आशुलेख (शॉर्टहैंड) तैयार किया था, जिसे उसने मुझे सिखाया भी था; लेकिन अभ्यास की कमी के कारण मैं उसे भूल गया। मेरा नामकरण इन्हीं अंकल के नाम से हुआ। इसकी एक वजह यह थी कि मेरे पिता और उनके बीच काफी प्रेम था। वे धार्मिक प्रवृत्ति के व्यक्ति थे और प्रतिष्ठित उपदेशकर्ताओं के प्रवचन न केवल सुनते थे बल्कि अपने आशुलेख के प्रयोग से उन्हें लिख लिया करते थे। इस तरह उन्होंने इसके कई ग्रंथ तैयार कर लिये थे। उनकी राजनीति में भी काफी रुचि थी। हाल ही में लंदन में प्रमुख पैंलेटों से उनके द्वारा संकलित किया गया संग्रह मेरे हाथ लगा, जो कि सन्. 1647 से 1717 तक के आम विवरण से संबंधित था। पुरानी पुस्तकों का लेन-देन करनेवाले एक व्यक्ति (जिससे मैं कभी-कभार कुछ पुस्तकें खरीदता था) द्वारा यह संग्रह मुझे प्राप्त हुआ था। मुझे लगता है कि अब से 50 वर्ष पहले जब मेरे अंकल यहाँ से अमेरिका गए, तभी उन्होंने इसे यहाँ छोड़ दिया होगा।

हमारा यह गुमनाम परिवार पहले धर्म-सुधार आंदोलन (रिफॉर्मेशन) और क्वीन मेरी के शासनकाल में प्रोटेस्टेंट आंदोलन का अनुयायी रहा, क्योंकि पोपवाद (पोपरी) के विरुद्ध उनके उत्साही रवैए से सताए जाने का खतरा खड़ा हो जाता था। उनके पास एक अंग्रेजी 'बाइबल' थी, जिसे छिपाकर एवं सुरक्षित रखने के लिए एक जॉइंट स्टूल के नीचे व बीचोबीच इसे चिपकाकर रखा गया था। मेरी दादी माँ की माँ इसे परिवार को पढ़कर सुनाने के लिए इस जॉइंट स्टूल को अपने घुटनों पर रखकर उसके पृष्ठ पलटा

करती थीं। इस दौरान बच्चों में से कोई एक दरवाजे पर खड़ा होकर आध्यात्मिक अदालत से संबंधित अधिकारी (एपारिटर) के आने की सूचना देने के लिए सतर्क रहता था। उसके आने की स्थिति में जॉइंट स्टूल को उलटा करके पाए पर रख दिया जाता था, जिससे 'बाइबल' इसके नीचे यथावत् छिपी रहती थी। मुझे यह बात मेरे अंकल बेंजामिन से मालूम हुई। परिवार चार्ल्स द्वितीय के शासन के अंत तक चर्च ऑफ इंग्लैंड से लगातार जुड़ा रहा। इस दौरान कुछ मंत्रियों को नॉर्थ एंपटनशायर में गोपनीय बैठक आयोजित करने के कारण अपदस्थ कर दिया गया। बेंजामिन और जोसिए जीवन-पर्यंत उन्हीं से जुड़े रहे। बाकी परिवार एपिस्कापल चर्च के साथ हो लिया। मेरे पिता, जोसिए ने कम उम्र में शादी की थी। वे लगभग 1682 में अपने तीन बच्चों के साथ न्यू इंग्लैंड चले गए। पहली पत्नी से वहाँ उनके चार बच्चे और हुए। इसके पश्चात् उनकी दूसरी पत्नी से 10 बच्चे पैदा हुए। मुझे याद है कि हममें से 13 एक साथ बैठकर डाइनिंग टेबल पर भोजन किया करते थे। आगे चलकर सभी बड़े हुए और उनकी शादियाँ हुईं। मैं उन सभी में सबसे छोटा था। मेरा जन्म बोस्टन (न्यू इंग्लैंड) में हुआ था। मेरी माँ (मेरे पिता की दूसरी पत्नी) का नाम एबिए फोल्जर था। वे पीटर फोल्जर की बेटी थीं, जो कि न्यू इंग्लैंड के शुरुआती बाशिंदों में एक थे। उनके बारे में काटन मैदर द्वारा लिखित चर्च इतिहास 'मैगनेलिया क्रिस्टी अमेरिकाना' में अनेक सम्मानजनक विवरण दर्ज हैं। जैसे कि वे देवता की तरह एवं विद्वान् व्यक्ति थे। मैंने सुना है कि वे (पीटर फोल्जर) कुछ सामयिक लेख भी लिखते थे, किंतु उनमें से केवल एक ही लेख प्रकाशित किया गया था, जिसे मैंने कई वर्षों बाद अभी देखा। इसे सन् 1675 में लिखा गया था तथा इसमें शासन से सरोकार रखनेवाले लोगों को संबोधित किया गया था। यह अंतःकरण की स्वतंत्रता को दरशाते हुए तत्कालीन शासन द्वारा सताए जा रहे लोगों की भावनाओं को व्यक्त करता है। मैंने पाया कि यह लेख भद्र, खरेपन एवं पौरुषपूर्ण स्वतंत्रता की अभिव्यक्ति था।

मेरे सभी बड़े भाइयों को अलग-अलग व्यवसायों में बतौर प्रशिक्षु संलग्न किया गया था। आठ वर्ष की उम्र में मुझे ग्रामर स्कूल में दाखिल

कराया गया। मेरे पिता की इच्छा थी कि मैं चर्च में अपनी सेवाएँ दूँ। पढ़ने की मेरी तीव्र तत्परता एवं अपने मित्रों के मेरे होनहार होने के मशविरों के कारण मेरे पिता इस उद्देश्य के लिए प्रोत्साहित हुए थे। बेंजामिन अंकल ने भी इस पर अपनी सहमति जता दी। उन्होंने उन सभी उपदेश ग्रंथों को मुझे सौंपने का प्रस्ताव किया, जिन्हें उन्होंने अपने आशुलेख का प्रयोग करके तैयार किया था। ग्रामर स्कूल में अभी मैंने एक वर्ष भी पूरा नहीं किया था, तभी मेरी लगन एवं सीखने के स्तर को देखते हुए मुझे अगली कक्षा में भेज दिया गया। लेकिन इसी बीच मेरे पिता को यह महसूस हुआ कि अपने मित्रों द्वारा प्रोत्साहित किए जाने पर उन्होंने मेरा दाखिला ग्रामर स्कूल में करा तो दिया, लेकिन वे आगे की महँगी महाविद्यालयीय शिक्षा का खर्च वहन नहीं कर सकेंगे। इसलिए उन्होंने मुझे ग्रामर स्कूल से निकालकर स्कूल फॉर राइटिंग एंड अर्थमेटिक्स में भेज दिया। मुझे जॉर्ज ब्राउनेल की शागिर्दगी में रखा गया। उनके निर्देशन में लेखन में तो मैंने काफी सुधार किया, किंतु अंकगणित में सफलता हासिल नहीं कर सका। 10 वर्ष की उम्र में मेरे पिता ने उनके चर्बी व्यवसाय में मदद करने के लिए मुझे घर बुला लिया। यह व्यवसाय मेरे पिता ने बगैर किसी पूर्व प्रशिक्षण के न्यू इंग्लैंड में बसने के पश्चात् शुरू किया था। क्योंकि उन्होंने पाया कि अपने रँगरेज के काम से वे परिवार का भरण-भोषण नहीं कर सकेंगे। अत: मैं उनके काम की विभिन्न प्रक्रियाओं में उनकी मदद करने लगा।

मुझे यह व्यवसाय बिलकुल पसंद नहीं था। मेरा रुझान समुद्री यात्रा में ज्यादा था, लेकिन मेरे पिता इसके खिलाफ थे। किंतु तालाब के नजदीक होने की वजह से मैं जल्द ही तैरना सीख गया और नावों का इंतजाम करना भी सीख लिया। अपने मित्रों के साथ नौका-चालन के दौरान उनका लीडर मैं ही हुआ करता, खासकर किसी परेशानी के समय। कभी-कभी तो मैं खुद ही अपनी होशियारी का प्रदर्शन करते हुए उन्हें मुसीबत में डाल दिया करता। ऐसा ही एक उदाहरण मैं यहाँ पर बताना चाहूँगा, जो मेरी प्रारंभिक जन-भावना को दरशाता है, हालाँकि तब यह उचित ढंग से व्यवहार में नहीं लाई गई।

कारखाने से लगे तालाब का एक भाग कीचड़-युक्त था। यहाँ जब भी पानी ज्यादा होता तो हम किनारे पर खड़े होकर मछली पकड़ा करते थे। मैंने प्रस्ताव रखा कि क्यों न हम वहाँ एक घाट बनाएँ, जिससे हम आसानी से खड़े रह सकें; क्योंकि कीचड़ में हमारे पैर धँस जाते हैं। मैंने अपने साथियों को पास ही पड़े पत्थरों के ढेर को दिखाया, जिन्हें वहीं नजदीक में किसी निर्माण कार्य के लिए लाया गया था और जो हमारे घाट निर्माण के काम भी आ सकता था। शाम को जब मजदूर, मिस्त्री इत्यादि काम करके लौट गए, तब योजना के मुताबिक मैं अपनी मित्र-मंडली के साथ वहाँ पहुँचा। हमने काफी मेहनत और लगन के साथ पत्थरों को उठा-उठाकर कीचड़-युक्त भाग में रखना शुरू किया। कभी-कभी एक भारी पत्थर को दो या तीन लोगों की मदद से उठाना पड़ता था। देखते-ही-देखते हमने सारे पत्थर ढोकर इकट्ठे कर दिए और अपना छोटा सा घाट तैयार कर लिया। दूसरे दिन कामगार जब वहाँ पहुँचे तो पत्थरों के ढेर को वहाँ न पाकर और कीचड़ में उनसे बने घाट को देखकर हैरान रह गए। इसकी पड़ताल शुरू हुई और हम पकड़े गए। हर किसी के पिता से उसकी शिकायतें की गईं। हममें से तो कई लड़कों के पिताओं ने इस कार्य को सही ठहराया। हालाँकि मैंने भी अपने पिता को इस घाट की उपयोगिता की दलील दी; लेकिन उन्होंने यह कहकर मेरी बात नकार दी कि कोई भी काम जिसमें ईमानदारी नहीं है, वह उपयोगी नहीं होता।

मैं सोचता हूँ कि आप उनके व्यक्तित्व और चरित्र के विषय में जानना चाहेंगे। वे काफी सुडौल शरीरवाले, मध्यम कद-काठी के ताकतवर व्यक्ति थे। वे प्रतिभावान् थे। उन्हें चित्रकारी आती थी। संगीत में भी थोड़ा रुझान था। वे काम से फुरसत पाकर, शाम के वक्त वायलिन बजाकर गीत गाया करते थे, जो सुनने में काफी अच्छा लगता था। उनमें यंत्रों का प्रयोग करने के गुण भी थे। कभी-कभी वे दूसरे व्यवसाय में प्रयुक्त होनेवाले यंत्रों का बड़ी कुशलता से प्रयोग किया करते। बौद्धिक विषयों में उनकी समझ एवं निर्णय बड़े सराहनीय होते थे, चाहे वे निजी जीवन से संबंधित हों या सार्वजनिक जीवन से। हालाँकि सार्वजनिक जीवन में चाहकर भी वे इस लहजे से अपनी भूमिका नहीं निभा पाए; क्योंकि परिवार में कई लोगों को शिक्षित करने की जिम्मेदारी

एवं परिस्थितियों की प्रतिकूलता की वजह से वे हमेशा अपने व्यवसाय में ही जुटे रहते थे। लेकिन मुझे याद है कि उनके पास प्रायः अनेक गण्यमान्य व्यक्ति आकर कस्बे एवं चर्च से संबंधित मामलों में उनसे विचार-विमर्श करते। उनके द्वारा दी गई उनकी सलाह एवं निर्णय के प्रति वे आदर का भाव भी रखते थे। लोग अपने निजी या घरेलू मामलों में भी उनसे सलाह लेते और विवादों को सुलझाने के लिए मध्यस्थता कराते थे। अपने बैठक कक्ष में वे जब-तब किसी समझदार मित्र या पड़ोसी के साथ बैठकर चर्चा किया करते। चर्चा के दौरान सामान्यतः वे ऐसे अच्छे मुद्दों को छेड़ते, जिससे उनके बच्चों के मनो-मस्तिष्क पर अच्छा प्रभाव पड़े। इसके माध्यम से वे हमारा ध्यान उन बातों की ओर खींचते, जो जीवन में अच्छी, उचित एवं विवेकपूर्ण हैं। तुच्छताओं पर तो उनका कभी भी ध्यान नहीं जाता था, जैसे टेबल पर क्या परोसा हुआ है, किसी के कपड़े कैसे हैं या वे मौसम के मुताबिक हैं या नहीं, किसी व्यंजन का स्वाद अच्छा या खराब है, कोई भी चीज किसी दूसरी चीज से बेहतर या घटिया है इत्यादि। इसके परिणामस्वरूप मैं भी इन तुच्छताओं को नजरअंदाज करते हुए बढ़ा-पला। आज भी खाने-पीने में नुक्ता-चीनी करना मेरी आदत नहीं है। मुझे तो खाने के कुछ घंटे बाद भी याद नहीं रहता कि मैंने भोजन में क्या खाया था। इस आदत से मुझे अपनी यात्रा के दौरान काफी राहत मिलती रही है; क्योंकि मेरे कुछ मित्र इस दौरान उनकी पसंदीदा स्वाद की चीजें उपलब्ध या तैयार न हो पाने के कारण काफी दुःखी एवं परेशान हो जाते हैं।

मेरी माँ की कद-काठी भी बहुत अच्छी थी। उन्होंने अपने सभी बच्चों को अपना दूध पिलाया। मैंने अपने माता-पिता को कभी बीमार नहीं देखा। पिता का देहावसान 89 वर्ष की आयु में हुआ और माँ का 85 वर्ष की आयु में। दोनों को बोस्टन में ही एक-दूसरे के बाजू में दफनाया गया, जहाँ मैंने संगमरमर की एक शिला निम्न उत्कीर्ण लेख के साथ स्थापित की—

"जोसिए फ्रैंकलिन और उनकी पत्नी यहाँ दफन हैं। उन्होंने 55 वर्षों तक सुखमय दांपत्य जीवन का साथ रहकर निर्वाह किया। बिना किसी जागीर या कोई बड़े लाभवाले व्यवसाय के उन्होंने आराम से एक बड़े परिवार का

भरण-पोषण किया तथा 13 संतानों एवं 7 पोते-पोतियों को प्रतिष्ठापूर्वक पाल-पोसकर बड़ा किया। इस उदाहरण से पाठकगण अपने में परिश्रम-साधक बनें एवं ईश्वर पर अविश्वास भी न करें। वे एक धार्मिक एवं विवेकशील व्यक्ति थे और वे (माँ) एक विनम्र व गुणी महिला थीं। उनका सबसे छोटा पुत्र अपने माता-पिता के प्रति कर्तव्य भाव से यह शिला यहाँ स्थापित करता है।"

अपने विषय से बहककर दूसरी बातें करने की अपनी आदत से लगता है कि मैं बूढ़ा हो गया हूँ। पहले मैं ज्यादा व्यवस्थित ढंग से लिखा करता था; लेकिन निंजी तौर पर साथ निभाने के लिए कोई सार्वजनिक नृत्य समारोह की तरह वस्त्र धारण तो नहीं करता।

पुनः विषय पर लौटता हूँ—मैं लगातार दो वर्षों तक (12 वर्ष की उम्र तक) अपने पिता के व्यवसाय में लगा रहा। इस बीच मेरा बड़ा भाई जॉन, जो इसी व्यवसाय में प्रशिक्षित था, पिता से अलग हो गया। उसने शादी कर ली और अन्यत्र अपना काम जमा लिया। अब लगभग यह तय था कि मैं उसकी जगह लूँगा और एक चरबी व्यवसायी ही बनूँगा। लेकिन इस व्यवसाय के प्रति मेरी नापसंदगी बनी रही। यह देखकर मेरे पिता आशंकित होने लगे कि यदि वे मेरी पसंद का कोई उचित विकल्प नहीं तलाशते हैं तो मैं भी भागकर उनके बेटे जोसिए की तरह समुद्री जहाज पर काम करने लगूँगा। इसीलिए वे मुझे कभी-कभी साथ में टहलाने ले जाते और विभिन्न व्यवसायों के स्थानों पर ले जाकर मेरा रुझान जानने की कोशिश करते।

तभी से मुझे कुशल कामगारों को उनके औजार चलाते देखकर खुशी होती रही है। यह मेरे लिए भी उपयोगी साबित हुआ है, क्योंकि किसी कामगार के उपलब्ध न होने पर घर के छोटे-मोटे काम मैं स्वयं कर लेता हूँ और अपने प्रयोगों के लिए छोटी-मोटी मशीनें तैयार कर लेता हूँ। क्योंकि आविष्कार करने का इरादा मेरे मन में लहरें ले रहा था। अंततः मेरे पिता को छुरी-चम्मच-काँटे (कटलर) बनाने का व्यवसाय मेरे लिए पसंद आया। बेंजामिन अंकल का बेटा सैमुअल लंदन में इस व्यवसाय में प्रशिक्षित होकर बोस्टन में अपना काम स्थापित कर चुका था। मुझे उसके पास भेज दिया

गया। लेकिन वह मुझसे प्रशिक्षु शुल्क की माँग करने लगा, जिससे मेरे पिता नाराज हो गए और मुझे घर वापस बुला लिया।

बचपन से ही मुझे पढ़ने का इतना शौक था कि जो थोड़े पैसे मुझे मिलते, मैं उन्हें पुस्तकें खरीदने में खर्च कर दिया करता। 'पिलग्रिम प्रोग्रेस' पढ़कर प्रभावित होने के बाद मैंने 'जॉन बनयन' की कृतियों के अलग-अलग छोटे संस्करणों को अपने प्रथम संग्रह के तौर पर खरीदा। बाद में मैंने उन्हें बेचकर आर. बर्टन कृत 'हिस्टॉरिकल कलेक्शन' खरीदा। ये छोटे आकार की तथा सस्ती किताबें थीं। मेरे पिता की लाइब्रेरी में मुख्यतः धार्मिक पुस्तकें थीं, जिसमें से अधिकतर मैंने पढ़ीं। मुझे तभी से इस बात का काफी दुःख रहा कि ज्ञान की इतनी प्यास होने के बाद भी ज्यादा उपर्युक्त पुस्तकें मेरे हाथ नहीं लगीं, क्योंकि तब तक यह तय हो चुका था कि मुझे चर्च में पादरी नहीं बनना था। 'प्लूटार्च लाइंज' पढ़कर मुझे काफी संतुष्टि हुई और आज भी मुझे लगता है कि इस पुस्तक को पढ़कर मैंने समय का लाभदायक प्रयोग किया। उनकी लाइब्रेरी में डी. फो द्वारा लिखित 'एसे ऑन प्रोजेक्ट्स' और डॉ. मदर कृत 'एसेज टू डू गुड' भी उपलब्ध थीं, जिन्हें पढ़कर मेरे विचारों में नया मोड़ आया और आगे चलकर मेरे जीवन की कई घटनाओं पर उनका असर रहा।

पुस्तकों की ओर यह रुझान देखकर मेरे पिता ने मुझे मुद्रक बनाने का निश्चय किया, हालाँकि मेरा एक भाई (जेम्स) पहले से ही उस कारोबार में संलग्न था। सन् 1717 में मेरा भाई जेम्स बोस्टन में प्रिंटिंग प्रेस का व्यवसाय स्थापित करने के लिए लंदन से लौट आया। यह जानकर मुझे शायद अपने पिता से भी ज्यादा खुशी हुई; लेकिन मुझमें समुद्री जहाज में काम करने की आकांक्षा अभी भी बरकरार थी। इस रुझान से आशंकित मेरे पिता शीघ्र ही मुझे मेरे भाई के साथ काम में संलग्न करने के लिए अधीर थे। कुछ समय तक तो मैं अड़ा रहा, लेकिन आखिर में मुझे मना लिया गया।

मात्र 12 वर्ष की उम्र में मैंने प्रशिक्षु के इकरारनामे पर हस्ताक्षर कर दिए। उस इकरारनामे के मुताबिक मुझे 21 वर्ष की उम्र तक प्रशिक्षु के रूप में काम करना था। थोड़े ही समय में इस व्यवसाय में मैंने अच्छी तरक्की कर ली और अपने भाई का दायाँ हाथ बन गया। अब मुझे बेहतर पुस्तकें पढ़ने को

मिला करती थीं। मेरे एक परिचित पुस्तक विक्रेता के प्रशिक्षु से मुझे अच्छी पुस्तकें पढ़ने को मिल जाया करती थीं, जिन्हें मैं जल्द ही और साफ-सुथरी हालत में पढ़कर लौटा दिया करता। जब कोई पुस्तक मुझे पढ़ने के लिए यदि शाम को मिला करती तो प्राय: देर रात तक मैं उसे पढ़ता रहता, ताकि दूसरे दिन सुबह उसे लौटा सकूँ।

कुछ समय पश्चात् मैथ्यू एडम्स नाम के एक व्यापारी (जो प्राय: हमारे प्रिंटिंग प्रेस में आया करते थे) का ध्यान मेरी पढ़ने की प्रवृत्ति की ओर सहसा खिंचा। उन्होंने मुझे अपनी लाइब्रेरी में आमंत्रित किया और कुछ अच्छी पुस्तकें (जिन्हें मैंने पसंद किया था) मुझे पढ़ने के लिए दीं। अब तो कविताओं में मुझे रस आने लग गया। मैंने स्वयं कुछ छोटी-मोटी कविताएँ लिखीं। मेरे भाई ने भी इसे अपने व्यवसाय में फायदे का काम समझकर मुझे प्रोत्साहित किया और कभी-कभार गाथा-गीत (बैलेड्स) लिखने को कहा करते। जो गाथा गीत मैंने लिखे, उनमें से एक था 'द लाइट हाउस ट्रेजडी', जो कि कैप्टन वर्दी लेक एवं उनकी दो बेटियों के डूबने की कहानी पर आधारित था। इनके मुद्रित हो जाने के बाद मेरे भाई ने मुझे कस्बे में घूम-घूमकर इन्हें बेचने के लिए कहा। इनके बिकने के बाद तो मेरा आत्मदंभ बढ़ने-सा लगा। लेकिन मेरे पिता ने मेरे बेचने की शैली का उपहास करते हुए मुझे निरुत्साहित कर दिया। उन्होंने तो यहाँ तक कह दिया कि कविता लिखने वाले सामान्यत: भिखारी ही रहते हैं। इसलिए मैंने कवि बनने का विचार मन से निकाल दिया। लेकिन गद्य लेखन मेरे जीवन के दौर में काफी अहम और मेरी उन्नति का प्रमुख साधन रहा है।

कस्बे में एक और लड़का था, जिसकी पुस्तकों में रुचि थी। उसका नाम जॉन कॉलिंस था। उससे मेरा घनिष्ठ परिचय हो गया। हममें कभी-कभी विवाद भी हो जाया करता था। हमें तर्क-वितर्क करने में बड़ा मजा आता था। लेकिन यह आदत धीरे-धीरे एक-दूसरे को नीचा दिखाने की बुरी आदत में बदलने लग जाती है और लोग एक-दूसरे से कटने-से लगते हैं। इसके अलावा इससे बातचीत का माहौल भी खराब होता है और जहाँ दोस्ती की संभावना रहती है, वहाँ दुश्मनी पैदा हो सकती है। यह बात मुझे अपने पिता

की धार्मिक विवादों पर आधारित पुस्तकों को पढ़ने से मालूम हुई थी। तभी से मैंने पाया कि स्वस्थ मानसिकता के लोग इसमें नहीं उलझते।

एक बार कॉलिंस और मेरे बीच महिलाओं की शिक्षा के विषय पर बहस छिड़ गई। उसका मानना था कि महिलाओं को शिक्षित करना उचित नहीं है, क्योंकि प्राकृतिक तौर पर वे इसके लिए पुरुषों की बराबरी नहीं कर सकतीं। मैंने इसका विरोध किया, जो कुछ हद तक शायद विवाद के उद्देश्य से था। वह स्वाभाविक रूप से मुझसे ज्यादा वाक्पटु था और तत्काल उसके पास उत्तर तैयार रहते थे। और जैसा कि मुझें महसूस होता था कि कभी-कभी तो वह अपने तर्क की अपेक्षा शब्दों के अत्यधिक प्रयोग से मुझ पर हावी हो जाता था। किसी निष्कर्ष पर पहुँचे बिना हम वहाँ से चल दिए और कुछ समय तक एक-दूसरे से नहीं मिले। मैंने अपने तर्कों को एक कागज पर लिखा और उसे भेज दिया। उसने उसका जवाब भेजा और मैंने पुनः उसके जवाब के प्रत्युत्तर में पत्र लिखा। इस तरह से तीन या चार पत्र दोनों पक्षों से एक-दूसरे को लिखे गए। इसी बीच मेरे लिखे पत्रों के रफ पेपर मेरे पिता के हाथ लग गए और उन्होंने उसे पढ़ा। इस विषय पर तर्क-वितर्क करने के बदले उन्होंने मेरे लिखने के तरीके के बारे में बात करने के लिए समय निकाला। उन्होंने पाया कि वर्तनी और ध्यान आकर्षित करने के मामले में तो मैं अपने मित्र से बीस था (जो प्रिंटिंग प्रेस में मेरे काम करने के कारण था)। लेकिन मुझमें अभिव्यक्ति की उत्कृष्टता एवं स्पष्टता की कमी थी, जिसे उन्होंने मेरे लेखन में कई उदाहरण देकर मुझे आश्वस्त भी किया। मुझे उनकी टिप्पणी में सच्चाई नजर आई और तभी से मैं लेखन शैली के प्रति ज्यादा एकाग्र हो गया। मैंने तय किया कि मैं स्वयं को इसमें सुधारने का प्रयत्न करूँगा।

लगभग इसी समय मुझे 'द स्पेक्टेटर' नामक एक अजीब ग्रंथ मिला। यह तीसरा ग्रंथ था। इसके पहले इनमें से कोई भी ग्रंथ मैंने नहीं देखा था। मैंने उसे खरीदा और बार-बार उसे पढ़कर मुझे बहुत आनंद आया। खासकर उसकी लेखन शैली मुझे बहुत पसंद आई और मेरी इच्छा उसका अनुकरण करने की हुई। इसी विचार से मैंने कुछ पेपर लिये और प्रत्येक वाक्य में अभिव्यक्त भाव के संक्षिप्त संकेत तैयार कर लिये। कुछ दिनों के बाद उन्हीं

संकेतों के आधार पर मौलिक वाक्यों को देखे बिना विस्तार से प्रत्येक सांकेतिक भाव को व्यक्त करते हुए तथा उपयुक्त शब्दों का प्रयोग करते हुए मैंने फिर से उतने ही पृष्ठों को पूरा करने का प्रयास किया, जिनके मैंने संकेत तैयार किए थे। तब मेरे स्वयं के लेख की मौलिक लेख से तुलना करने पर मुझे अपनी कुछ कमियाँ नजर आईं, जिन्हें मैंने सुधारा। लेकिन मुझे पता चला कि मुझमें उचित शब्दों और उन्हें याद करके प्रयोग करने की तत्परता में कमी थी। तभी मैंने महसूस किया कि यदि मैं कविताएँ लिखना जारी रखता तो यह कमी काफी पहले दूर हो गई होती, क्योंकि तब मुझे विभिन्न अर्थ एवं आकारवाले उपयुक्त शब्दों का चयन करके उन्हें प्रयोग करना पड़ता। इसीलिए मैंने कुछ कहानियाँ चुनीं और उन्हें काव्य शैली में ढालने लगा। ऐसा करते हुए मैं गद्य लेखन को बिलकुल भूल गया था। अब पुनः उसे प्रारंभ कर दिया। कभी-कभी मैं अपने संकेतों के संग्रह को गड़बड़ कर देता और कुछ सप्ताह के पश्चात् पूर्ण वाक्य बनाने तथा पूरी तरह लिखने के पहले उन्हें सही क्रम में रखने का प्रयास किया करता। ऐसा मैं विचारों को व्यवस्थित रूप से रखने की कला सीखने के लिए किया करता था। बाद में अपनी कृति के मौलिक कृति के साथ तुलनात्मक अध्ययन से मेरी कई खामियाँ नजर आतीं जिन्हें मैं सुधार लिया करता। इस तरह सौभाग्यवश मैं अपने लिखने का तरीका या भाषा सुधारने में सफल रहा। इससे मुझे यह भी प्रोत्साहन मिला कि आनेवाले समय में मैं संभवतः एक बरदाश्त करने योग्य अंग्रेजी लेखक बन सकूँगा, जिसकी महत्त्वाकांक्षा मुझमें बहुत ज्यादा थी। ऐसे अभ्यास के लिए मैं सामान्यतः काम से निवृत्त होकर रात का या काम शुरू होने से पहले दोपहर का समय चुना करता, या फिर रविवार जब युक्ति भिड़ाकर मैं मुद्रणालय में अकेला रहता। इस तरह रविवार को संभवतः सामूहिक प्रार्थना में मैं अपनी उपस्थिति टाल दिया करता, जिसके लिए बचपन में मेरे पिता बहुत जोर दिया करते थे। हालाँकि अभी भी यह मुझे अपना कर्तव्य महसूस होता था; किंतु मुझे लगता था कि मैं शायद इसके लिए समय नहीं निकाल पाता।

लगभग 16 साल की उम्र में मुझे ट्राइमान नामक लेखक की एक पुस्तक

मिली जिसमें उसने शाकाहारी भोजन की अनुशंसा की थी। मैंने उसका अनुसरण करने की ठान ली। जब मैं भोजन में मांस खाने को मना करता तो मेरी इस विचित्र आदत के लिए बहुत डाँट लगाई जाती। मैंने ट्राइमान के बताए तरीके से कुछ शाकाहारी व्यंजन तैयार करना सीख लिया, जैसे आलू या चावल को उबालना, हलुआ तैयार करना इत्यादि। मेरा भाई, जो अभी अविवाहित था, वह घर में भोजन न करके स्वयं एवं अपने प्रशिक्षुओं के साथ एक दूसरे परिवार में भोजन करता था। मैंने उससे कहा कि जो पैसा वह मेरे भोजन पर वहाँ खर्च करता था, यदि वह उसका आधा भी मुझे दे देगा तो मैं उससे अपने भोजन की व्यवस्था कर सकता था। वह तुरंत तैयार हो गया और मैंने पाया कि शाकाहारी भोजन करके भाई द्वारा दिए गए पैसे का आधा मैंने बचा लिया। इससे पुस्तक खरीदने के लिए एक अतिरिक्त कोष तैयार हो गया। इससे मुझे एक दूसरा फायदा भी हुआ। जब मेरा भाई और अन्य लोग भोजन करने के लिए प्रिंटिंग प्रेस से बाहर जाते, मैं जल्दी से अपना शाकाहारी भोजन (बिस्कुट, ब्रेड, फल-फूल इत्यादि) कर लेता और अकेला रहकर उनके वापस लौटने तक अपने अध्ययन में लगा रहता। इस तरह अध्ययन में मैं ज्यादा आगे बढ़ गया, क्योंकि अब मेरी मनोवृत्ति ज्यादा स्पष्ट और समझ ज्यादा तेज हो गई थी। ऐसा खान-पान में संयम बरतने से होता है, यह मुझे अहसास हुआ।

मैंने पहले ही बताया है कि अंकगणित में मैं काफी कमजोर था और स्कूल में इसे सीखने में असफल भी रहा। अब कभी-कभी इसकी वजह से मुझे शर्मिंदा होना पड़ता था। मैंने कॉकर द्वारा लिखी गई अंकगणित की पुस्तक खरीदी और उसे आराम से पूरी तरह पढ़ा। मैंने सेलर और शर्मी की नौकायन पर लिखी पुस्तकें भी पढ़ीं और उनमें प्रयोग की गई थोड़ी-बहुत ज्यामिति से भी परिचित हो गया। लेकिन इस विज्ञान में मैं इससे आगे कभी नहीं बढ़ पाया। इस दौरान मैंने मैसर्स डु पोर्ट रायल द्वारा लिखी हुई 'लॉक ऑन ह्यूमन अंडरस्टैंडिंग' एवं 'आर्ट ऑफ थिंकिंग' पुस्तकों का अध्ययन किया।

सन् 1720 या 1721 में मेरे भाई ने एक समाचार-पत्र का प्रकाशन आरंभ किया। 'न्यू इंग्लैंड कोरेंट' नाम से प्रकाशित यह अमेरिका का दूसरा

समाचार-पत्र था। इससे पहले 'बोस्टन न्यूज लेटर' नामक एकमात्र समाचार-पत्र अमेरिका में हुआ करता था। मुझे याद है कि उसके मित्रों ने उसे यह कदम न उठाने की सलाह दी थी, क्योंकि उनकी नजर में एक ही समाचार-पत्र तब अमेरिका के लिए पर्याप्त था। आजकल (1771) तो इनकी संख्या लगभग 25 है। किंतु उसने यह उद्यम जारी रखा और इसके छपने तक की प्रक्रियाओं में काम करने के बाद भी मुझे सड़कों पर पेपर ले जाकर ग्राहकों को बेचने का काम भी दे दिया गया।

मेरे भाई के कुछ प्रतिभावान् मित्र थे, जो इस अखबार में अपने लेख लिखा करते थे और जिनकी वजह से इसकी प्रतिष्ठा एवं माँग भी बढ़ती गई। ये सभी सज्जन जब-तब कार्यालय आया करते थे। उनके वार्त्तालाप एवं समाचार पत्र के संबंध में उनके विचारों को सुनकर मुझे भी लिखने का प्रयास करने की धुन सवार हो गई। लेकिन अभी कम उम्र का होने और अखबार में लिखने देने की अपने भाई की संभावित असहमति के कारण मैंने गुमनाम तौर पर लिखने की युक्ति सोची। अपने विचार लिखकर रात को जाते समय मैं मुद्रणालय के दरवाजे से अंदर सरका दिया करता। सुबह जब मुद्रणालय का कार्यालय खुलता तो उन्हें उठाकर रख लिया जाता और अपने मित्रों के आने पर मेरे भाई द्वारा उन पर उनकी राय माँगी जाती। वे सभी इन लेखों के लेखक के बारे में अटकलें लगाया करते, किंतु कभी किसी निष्कर्ष पर नहीं पहुँचते। लेकिन वे सभी उसे एक चरित्रवान् एवं प्रतिभावान् लेखक मानने के लिए विवश थे। उनके मुख से अपने लेख की प्रशंसा सुनकर मुझे बहुत खुशी होती थी।

इससे प्रोत्साहित होकर मैं इसी तरीके से अपने लेख उन तक पहुँचाता रहा और उन्हें वैसा ही अनुमोदन मिलता गया। जब तक संभव हुआ, मैंने यह रहस्य बनाए रखा, लेकिन जब मैंने देखा कि मेरे भाई के मित्र मेरे (गुमनाम) लेखों के प्रति कुछ ज्यादा सकारात्मक हैं तो मैंने एक दिन यह भेद खोल दिया। लेकिन मेरा भाई, जो शायद मुझे अपने अधीन प्रशिक्षु तक ही सीमित रखना चाहता था, इससे खुश नहीं हुआ। मैं सोचता था कि एक भाई की हैसियत से मेरी कुछ ज्यादा आवश्यकता होगी और वह मुझे अधिक-से-

अधिक अपने कामों में संलग्न रखेगा। किंतु वह मुझसे अन्य प्रशिक्षुओं की तरह ही काम लेना चाहता था। हमारे विवाद प्रायः पिताजी के सामने रखे जाते थे। मुझे लगता है कि या तो मैं गलत नहीं होता था या अपनी दलील बेहतर ढंग से पेश करता था, जिससे फैसला हमेशा मेरे पक्ष में ही हुआ करता। लेकिन मेरा भाई बहुत गुस्सैल था। वह प्रायः मेरी पिटाई कर दिया करता, जो मुझे काफी बुरा लगता था। मुझे अपना प्रशिक्षु काल काफी लंबा होने से उबाऊ-सा लगता था, जिसे मैं कम करना चाहता था। एक दिन अप्रत्याशित रूप से मेरी इच्छा पूरी हो गई।

हमारे समाचार-पत्र के किसी राजनीतिक समाचार (जो अब मुझे याद नहीं) के प्रति असेंबली ने अपनी नाराजगी व्यक्त की। स्पीकर के आदेश से मेरे भाई को ले जाकर जेल में डाल दिया गया। शायद मुझे लगता है कि वह संबंधित पत्रकार का नाम नहीं बता रहा था। मुझे भी ले जाया गया और काउंसिल के समक्ष मुझसे पूछताछ की गई। लेकिन वे मुझसे संतुष्ट नहीं हुए और डाँटने-डपटने के बाद मुझे यह समझकर छोड़ दिया कि शायद प्रशिक्षु होने के कारण मैं अपने मालिक की गोपनीयता बनाए रखने के लिए बाध्य था।

अपने भाई के जेल में रहने के दौरान (जो कि अपने बीच के मतभेदों के बाद भी बहुत बुरा लगा था) अखबार का प्रबंधन मेरे हाथों में आ गया। तत्पश्चात् मेरे भाई को सदन में इस आदेश के साथ रिहा किया गया कि "जेम्स फ्रैंकलिन द्वारा 'न्यू इंग्लैंड कोरेंट' नामक अखबार का आगे प्रकाशन नहीं किया जाना चाहिए।"

आगे क्या किया जाए, इस विषय पर मुद्रणालय में मेरे भाई और उसके मित्रों के बीच विचार-विमर्श किया गया। कुछ लोगों ने समाचार-पत्र का नाम बदलकर उसका प्रकाशन जारी रखने की सलाह दी। लेकिन मेरे भाई को इसमें असुविधाएँ नजर आ रही थीं। अंततः यह निष्कर्ष निकाला गया कि अखबार को भविष्य में 'बेंजामिन फ्रैंकलिन' के नाम से निकालना बेहतर रहेगा। लेकिन पूर्व अखबार के प्रशिक्षु द्वारा इसे प्रकाशित किए जाने से असेंबली द्वारा मेरे भाई पर कार्रवाई की जा सकती थी। इसे टालने के लिए

यह सोचा गया कि मेरा पुराना इकरारनामा मुझे पूरी तरह से प्रशिक्षु काल से मुक्त करके लौटा दिया जाए, जिसे आवश्यकता पड़ने पर प्रस्तुत किया जा सके। और शेष अवधि के लिए अपनी सेवाओं हेतु मुझे एक नए इकरारनामे पर हस्ताक्षर करके अपने भाई को देना था। इस दूसरे इकरारनामे को गोपनीय रखा जाना था। यह बड़ी अविश्वसनीय योजना थी, लेकिन इसे तुरंत कार्यान्वित किया गया। तदनुसार कई महीनों तक अखबार मेरे नाम से ही प्रकाशित होता रहा।

इस बीच मेरे और मेरे भाई के बीच नए-नए मतभेद उभरते गए। यह मानकर कि वह नए इकरारनामे को सामने नहीं लाएगा, मैंने अपनी स्वतंत्रता का उपयोग करने का निश्चय किया। मेरा इस तरह फायदा उठाना उचित नहीं था और इसीलिए मैं यह मानता हूँ कि मैंने अपने जीवन की पहली गलती की। लेकिन इस गलती का मुझे ज्यादा पछतावा नहीं हुआ, क्योंकि कई बार वह अपने आवेश से बेकाबू होकर घूँसों से मेरी जमकर पिटाई कर देता था। हालाँकि वैसे तो वह एक अच्छा इनसान था, शायद मैं ही धृष्ट हो जाता था और उसे उकसा देता था।

जब उसे मालूम हुआ कि मैं उसका काम छोड़ दूँगा तो उसने कस्बे के हर एक मुद्रणालय में जा-जाकर उसके मालिक से मुझे काम न देने के लिए कहकर मेरे रोजगार पाने के रास्ते बंद कर दिए। परिणामस्वरूप सभी मुद्रणालय के मालिकों ने मुझे नौकरी पर रखने से मना कर दिया। तब मैंने सबसे नजदीक के स्थान न्यूयॉर्क जाने का निश्चय किया, जहाँ एक मुद्रक को मैं जानता था। वैसे भी, मैं बोस्टन छोड़ने की सोच ही चुका था, क्योंकि जब मैंने विचार किया कि मैं पहले ही वहाँ की सत्ताधारी पार्टी की नजर में चढ़ चुका हूँ और असेंबली द्वारा मेरे भाई के खिलाफ तानाशाहीपूर्वक की गई कार्रवाई से भी तय था कि यदि मैं वहाँ रहता तो किसी-न- किसी परेशानी में मैं स्वयं को उलझा लेता। इसके अतिरिक्त एक और बात थी, मेरे अविवेकपूर्ण तरीके से धार्मिक झमेलों में उलझने के कारण वहाँ के संभ्रांत लोगों की नजर में एक धर्म-विरोधी या नास्तिक के रूप में देखे जाने लगने का मुझमें डर था। अब मैं जाने पर अडिग हो चुका था, लेकिन मेरे पिता मेरे भाई के पक्ष में थे। मैंने

समझदारी से काम लेने की बात सोची; क्योंकि यदि मैं खुलेआम वहाँ से जाता तो मुझे रोकने का हर संभव प्रयास किया जाता। मेरे मित्र कॉलिंस ने मेरी मदद की। उसने न्यूयॉर्क जाने वाले एक जहाज के कैप्टन से मुझे जहाज में स्थान दिलाने की बात करके उसे राजी कर लिया। कुछ पैसे इकट्ठे करने के लिए मैंने अपनी कुछ किताबें बेच दीं। मैं चोरी-छिपे उस एक मस्तूलवाले जहाज में सवार हो गया। अनुकूल दिशा में हवाओं के कारण तीन दिन में ही मैंने अपने आपको घर से 300 मील दूर न्यूयॉर्क में पाया, ज़हाँ मैं मात्र 17 वर्ष की उम्र का ऐसा लड़का था, जिसके पास न तो किसी की कोई अनुशंसा थी, न वह किसी से परिचित था और जिसकी जेब में ज्यादा पैसे भी नहीं थे।

इस समय तक समुद्री यात्रा करने का मेरा रुझान भी खत्म हो चुका था। मेरे पास काम का अनुभव था। स्वयं को एक अच्छा कर्मचारी मानकर मैंने पेंसिल्वेनिया के सबसे प्रथम मुद्रक विलियम ब्रेडफोर्ड से नौकरी पर रखने का आग्रह किया। मुझे नौकरी तो मिल गई, लेकिन जॉर्ज कीथ से झगड़े की वजह से मुझे नौकरी से निकाल दिया गया। अब वह मुझे कोई काम नहीं दे सकता था। लेकिन उसने कहा, ''फिलाडेल्फिया में मेरे बेटे के पास एक जगह खाली है। एक्विला रोज उसका प्रमुख कर्मचारी था, जिसके मरने की वजह से यह जगह खाली हुई है। यदि तुम वहाँ जाओगे तो मुझे विश्वास है कि वह तुम्हें काम पर रख लेगा।'' फिलाडेल्फिया वहाँ से 100 मील की दूरी पर था। मैं एंबॉय जानेवाली एक नाव पर सवार होकर वहाँ के लिए निकल पड़ा।

खाड़ी को पार करते ही अचानक आँधी-तूफान शुरू हो गया, जिससे हमारे जहाज का पाल टुकड़े-टुकड़े होकर रह गया। हम किल पहुँचने की जगह हवा के बहाव के साथ-साथ एक लॉग आइलैंड पहुँच गए। रास्ते में हमारे साथ ही यात्रा कर रहा एक शराबी डचमेन समुद्र में गिर पड़ा। हम किसी तरह उसे खींचकर जहाज में लाए। वह जहाज में सो गया। उसने अपनी जेब से एक पुस्तक बाहर निकालकर रख दी थी, जिसे शायद वह चाहता था कि मैं सुखा दूँ। यह पुस्तक तो मेरे पसंदीदा लेखक बनयन की लिखी हुई 'पिलग्रिम्स प्रोग्रेस' थी, जो डच भाषा में अनूदित थी। इसके बाद मुझे मालूम हुआ कि इसे यूरोप की अधिकतर भाषाओं में अनूदित किया गया

था। शायद किसी और पुस्तक की अपेक्षा (बाइबल को छोड़कर) इसे सबसे ज्यादा पढ़ा गया था।

जब हम टापू के नजदीक पहुँचे तो हमने पाया कि हमारा जहाज ऐसी जगह पर था, जहाँ से किनारे पर उतरा नहीं जा सकता था। वहाँ के पथरीले समुद्री किनारे पर लहरों से उत्पन्न बहुत झाग था। इसलिए हमने लंगर डाल दिया और घूमकर किनारे की ओर आ गए। कुछ लोग पानी के छोर के नजदीक दिखाई पड़े। हमने उन्हें आवाज दी। उन्होंने भी हमें आवाज दी; लेकिन हवा इतनी तेज थी कि हम एक-दूसरे की आवाजें नहीं सुन पा रहे थे। समुद्र के तट पर कुछ नावें रखी हुई थीं। हमने इशारा करके और चीखकर उनसे एक नाव लाने के लिए कहा। लेकिन या तो उन्होंने सुना नहीं या ऐसा करना उन्हें असंभाव्य लगा और वे चले गए। अब चूँकि रात घिरने को थी, हमारे पास हवा के धीमे होने का इंतजार करने के अलावा और कोई चारा नहीं था। इसी बीच नाविक और मैंने सोचा कि अगर संभव हो तो सो लिया जाए। डचमैन, जो कि अभी भी भीगा हुआ था, उसके कारण जगह सँकरी हो जाने के कारण हम आराम से नहीं सो सकते थे। जहाज के मुहाने पर पड़नेवाले पानी के थपेड़ों से पानी हम पर भी पड़ रहा था और शीघ्र ही हम भी डचमैन की तरह भीग गए। इसी तरह हम रात भर लेटे रहे और हमें थोड़ा भी आराम नहीं मिला। दूसरे दिन हवाओं के थमते ही हमने रात से पहले एंबॉय पहुँचने की सोची। हम लगभग 30 घंटे से बिना रसद के जहाज पर रहे।

शाम के वक्त मैंने अपने आपको तेज बुखार से ग्रस्त पाया और सोने के लिए चला गया। लेकिन मैंने कहीं पढ़ा था कि बुखार में खूब ठंडा पानी पीना अच्छा होता है। मैंने उस नुस्खे को आजमाया और रात को अधिकतर समय तक मेरे शरीर से पसीना छूटता रहा और बुखार उतर गया। सुबह मैंने एंबॉय से 50 मील दूर बार्लिंगटन की यात्रा पैदल ही शुरू कर दी। जहाँ पहुँचने पर मुझे बताया गया था कि मुझे नाव मिलेगी, जिससे यात्रा करके मैं फिलाडेल्फिया का बाकी रास्ता तय करूँगा।

पूरे दिन काफी तेज बारिश होती रही। मैं पूरी तरह से भीग गया था और दोपहर तक चलकर बुरी तरह थक गया था। इसलिए एक छोटी सी सराय में

जाकर मैं सो गया और सारी रात ठहरा रहा। अब मुझे महसूस होने लगा कि मुझे घर छोड़कर नहीं आना था। फिर भी, दूसरे दिन सुबह मैंने आगे की यात्रा शुरू की और शाम तक चलकर एक सराय में ठहरा। वहाँ से बार्लिंगटन 8 या 10 मील की दूरी पर ही था। वह सराय किसी डॉक्टर ब्राउन की थी। मेरे नाश्ते के दौरान वह मुझसे बातें करने लगा। जब उसने यह पाया कि मैंने थोड़ा-बहुत अध्ययन भी किया है तो वह मुझसे काफी घुल-मिल गया। वह जब तक वहाँ रहा, हमारी बातचीत जारी रही। मुझे लगता है कि वह टूर पर रहनेवाला डॉक्टर था; क्योंकि इंग्लैंड या किसी दूसरे यूरोपीय देश का ऐसा कोई शहर नहीं था, जहाँ के बारे में उसे खास जानकारी न हो। उसके पास कुछ पत्र थे। वह प्रतिभावान् था, किंतु कुछ नास्तिक किस्म का व्यक्ति था। उसने 'बाइबल' के कुछ धार्मिक तथ्यों को इतने हास्यास्पद तरीके से वर्णित किया था कि यदि उन्हें प्रकाशित कर दिया जाता तो कुछ कमजोर मानसिकता के लोगों पर उसका काफी बुरा असर होता। लेकिन उसकी कृति कभी प्रकाशित नहीं हुई।

वह रात मैंने उसके घर (सराय) में काटी और दूसरे दिन सुबह बार्लिंगटन पहुँच गया। लेकिन यह जानकर अपने आप में बड़ा लज्जित महसूस हुआ कि नियमित रूप से चलनेवाली नावें जा चुकी थीं और मंगलवार से पहले किसी नाव के जाने की संभावना नहीं है, जबकि उस दिन शनिवार था। वहाँ से मैं उसी कस्बे में एक वृद्ध औरत की दुकान पर चला गया। उससे मैंने जिंजर ब्रेड खरीदी और पानी में डुबोकर खाया। जब मैंने उससे अपनी यात्रा के विषय में कुछ सलाह माँगी तो उसने मुझसे अपने घर में नाव उपलब्ध होने तक ठहरने का प्रस्ताव किया। पैदल यात्रा से काफी थक चुकने के कारण मैंने उसका प्रस्ताव स्वीकार कर लिया। उसने मेरा अच्छा आतिथ्य-सत्कार किया, मुझे रात का भोजन कराया और बदले में एक पात्र भरकर बीयर (एल) भी दी। मैंने सोचा कि मंगलवार के आने तक मुझे वहीं ठहरना पड़ेगा। किंतु शाम को जब मैं नदी के किनारे टहल रहा था, मैंने एक जहाज़ देखा। उसमें कुछ लोग बैठे हुए थे और वह फिलाडेल्फिया की तरफ जा रहा था। मैं उनके साथ सवार हो गया। चूँकि हवा का अनुकूल प्रवाह नहीं था, इसलिए सारे रास्ते इसे खेते हुए हमने यात्रा जारी रखी। और आधी रात तक जब हमें शहर नजर नहीं

आया तो हममें से कुछ लोगों ने सोचा कि शायद हम आगे निकल आए होंगे। इसलिए वे आगे जहाज खेने के लिए तैयार नहीं थे। बाकी को तो पता ही नहीं था कि वे कहाँ थे। इसलिए हम तट की ओर बढ़े और खाड़ी में प्रवेश कर गए। वहाँ एक पुराने बाड़े के पास हम उतर गए। बाड़े की लकड़ियाँ लेकर हमने वहाँ आग जलाई, क्योंकि अक्तूबर में वहाँ काफी ठंड थी। हम वहाँ दिन निकलने तक ठहरे रहे। हमारे साथियों में से एक को इस स्थान की जानकारी थी। उसने इसे 'कूपर्स क्रीक' बतलाया, जो कि फिलाडेल्फिया से नजदीक ही था। खाड़ी से निकलते ही हमें फिलाडेल्फिया नजर आने लगा और लगभग 8 व 9 बजे के बीच रविवार की सुबह हम वहाँ पहुँच गए।

अपनी यात्रा का वर्णन मैंने अपेक्षाकृत ज्यादा विशेष अंदाज में किया है और शहर में अपने प्रथम प्रवेश का वर्णन भी इसी अंदाज में जारी रखूँगा। मैं अपनी काम करनेवाली पोशाक में ही था। यात्रा के दौरान मेरे कपड़े मैले हो चुके थे। मेरी जेबें जुराब और कमीज रखे हुए होने की वजह से काफी उभरी हुई थीं। मैं यहाँ किसी से भी परिचित नहीं था, न ही मैं यह जानता था कि कहाँ ठहरा जाए।

यात्रा के दौरान जहाज खेते हुए और आराम न मिलने के कारण मैं बुरी तरह थक चुका था। मुझे काफी भूख भी लगी थी। पैसे के नाम पर मेरे पास एक डच डॉलर और एक कॉपर शिलिंग शेष रह गए थे। कॉपर शिलिंग से तो मैंने जहाज का किराया चुकाया। हालाँकि मेरे जहाज खेने के कारण पहले वे उसे लेने से मना कर रहे थे, लेकिन मैंने जिद करके उसे उन्हें पकड़ा दिया। आदमी कभी-कभी पैसे ज्यादा होने पर इतना उदार नहीं होता, जितना पैसे की तंगी के दौरान होता है और शायद ऐसा इसलिए होता है कि कहीं कोई उसे मुफलिस या गरीब न समझ बैठे। फिर मैं सड़क पर इधर-उधर देखता हुआ बाजार गृह के नजदीक पहुँचा, जहाँ मैंने एक बच्चे को ब्रेड खाते हुए देखा। मैंने इस बीच कई बार खाने में ब्रेड खाकर ही काम चलाया था। मैंने बच्चे से पूछा कि उसने ब्रेड कहाँ से खरीदी थी। उसके बताए अनुसार मैं तुरंत दूसरी सड़क पर नानबाई की दुकान पर पहुँचा। मैंने उससे वही बिस्कुट माँगा, जो मैं बोस्टन में खाया करता था। लेकिन शायद वह फिलाडेल्फिया में नहीं

बनाई जाती थी। मैं उससे 3 पेनी की कीमत की ब्रेड माँगी तो उसने बताया कि ऐसी ब्रेड उसके पास उपलब्ध नहीं है। चूँकि मैं ब्रेड का नाम नहीं जानता था, न ही यह जानता था कि अपेक्षाकृत यह यहाँ कितना सस्ता या महँगा है, मैंने 3 पेनी के बदले में जितना मिल सकता हो उतना ही मुझे दे देने को कहा। तदनुसार उसने तीन मोटे रोल मुझे दे दिए। उनकी मात्रा देखकर मुझे बड़ा आश्चर्य हुआ। उन्हें रखने के लिए मेरी जेबों में तो जगह थी नहीं, इसलिए दोनों बाँहों के अंदर एक-एक रोल को दबाकर और तीसरे को खाते हुए मैं वहाँ से चल पड़ा। इस तरह मैं बाजार की सड़क से चौथी सड़क तक पहुँचकर मिस्टर रीड के दरवाजे के पास से गुजरा, जो मेरी भावी पत्नी के पिता थे। दरवाजे पर खड़े हुए उसने (भावी पत्नी) मुझे (मैं जानता था) सर्वाधिक बेढंगी एवं हास्यास्पद स्थिति में देखा। तब मैं मुड़ा और चेस्टनट स्ट्रीट, फिर उससे आगे वालनट स्ट्रीट में ब्रेड खाता हुआ आगे बढ़ गया। आगे मुड़ने के बाद मैंने फिर से स्वयं को मार्केट स्ट्रीट घाट के पास पाया। मैंने नदी से पानी पिया। चूँकि एक ब्रेड से ही मेरा पेट भर गया था, इसलिए बाकी के दो ब्रेड मैंने वहीं बैठी एक औरत एवं उसके बच्चे को दे दिए, क्योंकि वे भी मेरे साथ उसी जहाज पर यात्रा करते हुए आए थे और अब आगे की यात्रा के लिए दूसरे जहाज का इंतजार कर रहे थे। इस तरह तरोताजा होकर मैं फिर से उसी सड़क पर लौट आया, जहाँ इस समय तक साफ-सुथरी पोशाक पहने बहुत से लोग नजर आ रहे थे। वे भी उसी रास्ते में आगे बढ़ रहे थे। मैं भी उनके पीछे चलने लगा और बाजार के नजदीक क्वेकर्स के विशाल सभा-भवन के अंदर पहुँच गया। मैं उनके बीच बैठ गया। कुछ देर सुनते हुए इधर-उधर देखता रहा, कहा कुछ भी नहीं। इतनी मेहनत एवं विगत रात्रि आराम के अभाव के कारण मुझे नींद सताने लगी और मैं गहरी नींद के आगोश में आ गया। और तब तक लगातार सोता रहा जब तक सभा समाप्त नहीं हो गई। तभी किसी ने मुझे जगाया। इस तरह फिलाडेल्फिया में वह पहला मकान था, जिसमें मैंने प्रवेश किया और सोया। लोगों के चेहरे देखकर नदी की ओर चलते हुए मुझे एक युवा क्वेकर आदमी मिला। मैंने उससे अजनबियों के ठहरने का कोई स्थान पूछा। तब तक हम 'थ्री मेरीनर्स' के संकेत तक पहुँच

चुके थे। "यहाँ," उसने कहा, "एक स्थान है, जहाँ अजनबी रुकते हैं; लेकिन वह उतना अच्छा नहीं है। यदि तुम मेरे साथ चलो तो मैं तुम्हें एक बेहतर जगह ले चल सकता हूँ।" वह वाटर स्ट्रीट में मुझे क्रुक्ड बिलेट में ले आया, जहाँ मैंने रात का भोजन किया। भोजन करते वक्त मुझसे कई रहस्यमय प्रश्न पूछे गए, क्योंकि अपनी उम्र और वेशभूषा से मैं कोई भागा हुआ इनसान नजर आ रहा था।

भोजन करने के बाद मेरी उबासी पुनः लौट आई और बिस्तर दिखाए जाने पर मैं तुरंत बिना कपड़े उतारे ही लेट गया और शाम 6 बजे तक सोता रहा। मुझे भोजन के लिए उठाया गया। खाना खाकर मैं फिर से सोने चला गया और दूसरे दिन सुबह जागा। तब मैंने स्वयं को जितना संभव था, सँवारकर तैयार किया और एंड्रयू ब्रेडफोर्ड (मुद्रक) से मिलने पहुँचा। मैंने दुकान में उसके बूढ़े पिता को देखा, जिसे मैंने न्यूयॉर्क में देखा था। वह घोड़े पर सवारी करता हुआ मुझसे पहले फिलाडेल्फिया पहुँच चुका था। उसने मुझे अपने बेटे से परिचित कराया, जिसने बड़े अदब से मेरा स्वागत किया, मुझे नाश्ता कराया। लेकिन उसने बताया कि उसने खाली हुई जगह भर ली है, इसलिए उसे मेरी जरूरत नहीं थी। उसने मुझे एक अन्य मुद्रक कीमर के विषय में बतलाया, जिसने हाल ही में कस्बे में काम शुरू किया था। उसने कहा कि शायद वह मुझे नौकरी दे सकता था। उसने यह भी कहा कि यदि मुझे वहाँ नौकरी नहीं मिलती तो मैं खुशी से उसके मकान में ठहर सकता था। तब पूर्णकालिक काम की आवश्यकता होने तक वह मुझे तब तक छोटा-मोटा काम देता रहेगा।

उसके पिता (ब्रेडफोर्ड) ने कहा कि वह स्वयं मेरे साथ उस नए मुद्रक के पास चलेगा। जब हम उसके पास पहुँचे तो ब्रेडफोर्ड ने कहा, "पड़ोसी, मैं इस लड़के को तुम्हारे पास लाया हूँ, जो तुम्हारे व्यवसाय के लिए बहुत काम का है। शायद तुम्हें इसकी जरूरत हो।" तब उस आदमी (मुद्रक) ने मुझसे कुछ प्रश्न पूछे। मेरे हाथ में कंपोजिंग स्टिक देकर उसने मेरे काम के तरीके को जाँचा और मुझे शीघ्रातिशीघ्र काम पर रखने को तैयार हो गया। हालाँकि तुरंत उसके पास मेरे लायक काम नहीं था। उसने बूढ़े ब्रेडफोर्ड को कभी देखा

नहीं था। उसने सोचा कि वह कस्बे का ही कोई व्यक्ति होगा, जो उसका भला सोचता है। वह उससे (ब्रेडफोर्ड) अपने वर्तमान उद्यम एवं परियोजनाओं की बातें करने लगा। ब्रेडफोर्ड बड़ी चालाकी से प्रश्न पूछ-पूछकर उससे उसकी योजनाओं के राज उगलवा रहा था। मैं व्रहाँ खड़े होकर सबकुछ सुन और समझ रहा था। मैं जान चुका था कि उनमें से एक तो अनुभवी, चालाक और इस व्यवसाय में माहिर व्यक्ति है तथा दूसरा नौसिखिया मात्र है। ब्रेडफोर्ड मुझे कीमर के पास छोड़कर चला गया। जब मैंने उसे (कीमर को) ब्रेडफोर्ड के विषय में बताया तो वह हैरान रह गया।

कीमर के मुद्रणालय में एक पुराना जीर्ण-शीर्ण मुद्रण यंत्र एवं अंग्रेजी का घिसा-पिटा फॉण्ट था, जिसे उस समय वह स्वयं एक कविता ('एलिजी ऑन एक्विला रोज') पर प्रयोग कर रहा था। यह कविता उस कस्बे की असेंबली में कार्यरत एक क्लर्क द्वारा लिखी गई थी। कीमर स्वयं कविता लिखने का शौकीन था। लेकिन वह किसी के कहने पर नहीं लिख पाता था, बल्कि जो कुछ भी उसके मन में स्वयमेव आता, उसे ही वह कविता में ढाल सकता था। वह अपने मुद्रण यंत्र में अक्षरों को अच्छी तरह से लगा नहीं पा रहा था, क्योंकि उसने इसे अभी तक प्रयोग नहीं किया था और उसके विषय में कुछ नहीं जानता था। मैंने उसकी मदद की और मुद्रण यंत्र को काम करने के लायक बनाया। मैंने उससे लौटकर कविता को छापने की बात कही और ब्रेडफोर्ड के पास लौट आया। उसने मुझे फिलहाल के लिए कुछ काम दिया। मैं वहीं ठहरा और भोजन किया। कुछ दिनों के बाद कीमर ने उस कविता को छापने के लिए मुझे बुलाया। अब उसके पास एक पैंफलेट छापने का काम भी था। मैं काम पर जुट गया।

ये दोनों मुद्रक इस व्यवसाय में पूरी तरह योग्य एवं अनुभवी नहीं थे। ब्रेडफोर्ड इसमें प्रशिक्षित नहीं था, साथ ही अनपढ़ भी था। और कीमर, जो पढ़ा-लिखा तो था, लेकिन कंपोजिटर मात्र था और मुद्रण कार्य के विषय में कुछ भी नहीं जानता था। जब मैं कीमर के पास काम करता था तो उसे ब्रेडफोर्ड के घर मेरा ठहरना ठीक नहीं लगता था। कीमर का अपना घर तो था, लेकिन वहाँ फर्नीचर नहीं था, इसलिए वह मुझे अपने घर में नहीं ठहराता

था। लेकिन उसने मेरे ठहरने का इंतजाम मिस्टर रीड के मकान में कर दिया। वही उसके (कीमर के) मकान के मालिक थे। उस समय तक मैंने एक बक्सा और कपड़ों की भी व्यवस्था कर ली थी। मिस्टर रीड के विषय में मैंने पहले भी चर्चा की थी। (जब ब्रेड खाते हुए मैं उनके घर के पास से गुजरा था) इस बार मैं मिस रीड की नजरों में पहले की अपेक्षा (जब उसने ब्रेड खाते हुए मुझे देखा था) ज्यादा सम्मानजनक वेशभूषा में था।

मेरा उस कस्बे के ऐसे युवाओं से परिचय भी होने लगा था, जो पढ़ने के शौकीन थे। उनके साथ बड़ी मौज-मस्ती में मैं अपने शाम का वक्त गुजारा करता था। अपने व्यवसाय से कमाए पैसे को मितव्ययिता से खर्च करते हुए मैं बड़े आराम से रह रहा था। बोस्टन के बारे में जितना हो सके, मैं भूल ही जाना चाहता था। अपने मित्र कॉलिंस के अलावा मैं चाहता भी नहीं था कि कोई मेरे यहाँ रहने के विषय में जाने। कॉलिंस से मेरा पत्र-व्यवहार होता रहता था और इस बीच एक ऐसी घटना हुई, जिसके कारण मुझे अपनी इच्छा के विपरीत काफी पहले लौटना पड़ा। मेरा एक रिश्तेदार रॉबर्ट होम्स, जो कि एक छोटे जहाज (एक मस्तूलवाला) का मालिक था। जिससे वह बोस्टन एवं डिलावेयर के बीच व्यापार करता था, एक बार वह न्यूकासल (फिलाडेल्फिया से 40 मील दूर) में था, जहाँ उसने मेरे वहाँ होने के बारे में सुना। उसने मुझे एक पत्र लिखा, जिसमें उसने मेरे मित्रों की मेरे अचानक जाने के बाद मेरे प्रति चिंता के बारे में लिखा था। उसने पत्र में कहा था कि यदि मैं लौट जाता हूँ तो सबकुछ ठीक-ठाक हो जाएगा। मैंने उसके पत्र के जवाब में उसकी सलाह के लिए धन्यवाद देते हुए लिखा कि मैं बोस्टन पूरी तरह से छोड़ चुका था और उसे विश्वस्त किया कि जैसी उसे आशंका थी, ऐसी कोई गलत बात या मतभेद मेरा किसी से नहीं हुआ था।

प्रदेश के गवर्नर सर विलियम कीथ न्यूकासल में थे। जब मेरा पत्र कैप्टन होम्स को मिला, तब वह उसके (विलियम कीथ के) साथ ही था। होम्स ने उससे मेरे विषय में चर्चा की और मेरा पत्र उसे दिखाया। गवर्नर ने पत्र पढ़ा और जब उसे मेरी उम्र के बारे में बताया गया तो वह आश्चर्यचकित रह गया। उसने मुझे एक होनहार युवा समझा, जिसे प्रोत्साहित किया जाना

चाहिए। उसने मेरे लिए एक अच्छे काम की व्यवस्था करने के अलावा और जो कुछ उससे हो सकेगा, करने के लिए कैप्टन होम्स से कहा। यह बात होम्स ने मुझे बाद में बोस्टन में बतलाई। लेकिन तब मुझे यह सब नहीं पता था। एक दिन जब कीमर और मैं खिड़की के पास ही अपने काम पर जुटे हुए थे, हमने गवर्नर (सर विलियम कीथ) को एक अन्य व्यक्ति (जो न्यूकासल का रहनेवाला कर्नल फ्रेंच था) के साथ भद्र पोशाक में देखा। वे दोनों सड़क पार करके हमारे मुद्रणालय की तरफ आ रहे थे। वहाँ पहुँचकर उन्होंने हमें पुकारा।

कीमर ने सोचा कि वे उससे मिलने आए होंगे, इसलिए वह दौड़कर उनके पास गया। लेकिन गवर्नर मेरे विषय में पूछ रहा था। जब मैं उनसे मिला तो वरिष्ठतासूचक विनम्रता के साथ उसने मेरी बड़ी तारीफ की और कहा कि वह मुझसे मिलना चाहता था। उसने यह शिकायत भी की कि मैंने सबसे पहले आकर उन्हें सूचित क्यों नहीं किया। उसने मुझे अपने साथ चलने के लिए कहा। मुझे थोड़ी भी हैरानी नहीं हुई और कीमर हैरानी से यह सब एकटक देख रहा था। मैं गवर्नर कीथ और कर्नल फ्रेंच के साथ थर्ड स्ट्रीट के किनारे स्थित एक मदिरालय पहुँचा। ड्रिंक के दौरान उसने मेरा व्यवसाय लगाने की बात करते हुए उसकी कामयाबी की संभावनाएँ गिनाईं। गवर्नर एवं कर्नल फ्रेंच दोनों ने मुझे आश्वस्त किया कि दोनों सरकारों से जनता से जुड़े काम हासिल करने में मैं उनके हित और प्रभाव का प्रयोग करूँ। जब मैंने यह संदेह व्यक्त किया कि मेरे पिता मेरी इसमें मदद करेंगे या नहीं तो गवर्नर कीथ ने कहा कि वह मुझे एक पत्र लिखकर देगा, जिसमें इस काम के सारे फायदे लिखे हुए होंगे, जिससे मेरे पिता मान जाएँगे। तब पहले ही जहाज से मेरा उस पत्र के साथ बोस्टन लौटना तय हो गया। इस बीच मुझे अपने इरादे को कीमर के साथ काम करते हुए गुप्त रखना था। जब-तब गवर्नर मुझे खाने पर बुला लिया करता, जो मेरे लिए बड़ा सम्मानजनक था। खाने के दौरान वह मुझसे बड़ी सौहार्दतापूर्वक अंतरंग होकर बात किया करता।

अप्रैल के अंतिम सप्ताह वर्ष 1724 में एक छोटा जहाज बोस्टन के लिए रवाना हो रहा था। मैंने कीमर से अपने मित्रों से मिलने का बहाना करके

अवकाश ले लिया। गवर्नर ने मुझे एक बड़ा खत दिया, जिसमें उसने मेरी बड़ाई में कई बातें मेरे पिता के लिए लिखी थीं। उसने उस प्रोजेक्ट की भी पूरी तरह अनुशंसा की थी, जो फिलाडेल्फिया में लगाया जाने वाला था और जिससे मेरा भविष्य उज्ज्वल हो सकेगा। लगभग 15 दिनों की समुद्री यात्रा के पश्चात् मैं बोस्टन पहुँचा। मैं सात महीने से वहाँ से बाहर था और इस बीच मेरे बारे में मेरे मित्रों को कुछ पता नहीं चला; क्योंकि इस बीच में होम्स भी लौटकर नहीं आया था, न ही उसने मेरे विषय में किसी को पत्र लिखा था। मेरी अप्रत्याशित वापसी से सभी चकरा गए। किंतु सभी (मेरे भाई जेम्स के अलावा) मुझे देखकर खुश हुए। उससे (जेम्स) मिलने मैं उसके मुद्रणालय पहुँचा। जब मैं उसके पास काम करता था, तब की अपेक्षा मेरा हुलिया काफी बदला हुआ था। नया सूट, घड़ी, जेब में अच्छे पैसे। वह खुलकर मुझसे नहीं मिला। उसने एक नजर मेरी तरफ देखा और अपने काम में लग गया। मुद्रणालय के सभी कर्मचारी मेरे बारे में जानने के लिए बड़े उत्सुक थे। मैं कहाँ था? वह किस तरह का देश था? मुझे वहाँ कैसा लगा? मैंने वहाँ की जमकर प्रशंसा की और बताया कि मैंने वहाँ अच्छी जिंदगी बिताई और फिर वहीं लौटकर जाने का अपना इरादा बताया। उनमें से एक ने पूछा कि वहाँ किस तरह की मुद्रा प्रचलन में है, तो मैंने मुट्ठी भर चाँदी के सिक्के निकालकर उन्हें दिखाए, जो कि उनके लिए बड़ी दुर्लभ बात थी। वे ऐसी मुद्रा के अभ्यस्त नहीं थे। बोस्टन में तो कागजी मुद्रा चलती थी। फिर मैंने उन्हें अपनी घड़ी दिखाई। मेरा भाई अभी भी नाराज और खिन्न लग रहा था। अंततः मैंने उन्हें शराब पीने के लिए कुछ पैसे दिए और उनसे विदा ली।

मेरे इस तरह वहाँ (मुद्रणालय) पहुँचने से मेरे भाई की भावनाओं को भारी ठेस लगी। क्योंकि जब मेरी माँ ने कुछ समय के पश्चात् उससे मेरे साथ समझौता करने की बात की और कहा कि वह हम दोनों को साथ देखना चाहती है तो उसने कहा कि मैंने उसका उसके कर्मचारियों के आगे इस तरह अपमान किया है कि वह न तो कभी भूल सकेगा, न ही माफ कर सकेगा। यह सोचना दरअसल उसकी भूल थी।

मेरे पिता गवर्नर का पत्र देखकर हैरान नजर आए; लेकिन उन्होंने इसके

बारे में मुझसे कुछ दिनों तक कुछ नहीं कहा। जब कैप्टन होम्स लौटकर आया तो उन्होंने उससे पूछा कि क्या वह कीथ को जानता था? वह (कीथ) किस तरह का आदमी था। उन्होंने अपनी राय देते हुए कहा कि वह (कीथ) इतना विवेकशील नहीं लगता, जो एक ऐसे युवा को व्यवसाय में लगा रहा है, जिसके पूरी तरह आदमी बनने नें अभी भी तीन साल बाकी थे। होम्स से जो हो सकता था, उसने इस प्रोजेक्ट के पक्ष में कहा; लेकिन मेरे पिता अभी इसके औचित्य पर सशंकित थे और अंततः साफ-साफ इसे नकार दिया। तदुपरांत उन्होंने एक पत्र विलियम कीथ को लिखा, जिसमें उन्होंने सबसे पहले मुझे अपना कृपापूर्ण संरक्षण देने के लिए उसे धन्यवाद दिया, लेकिन इतने महत्त्वपूर्ण व महँगे प्रोजेक्ट के लिए मुझे उन्होंने बहुत अपरिपक्व बताते हुए मेरा साथ देने से इनकार कर दिया।

मेरा मित्र कॉलिंस (जो पोस्ट ऑफिस में क्लर्क था) उस नए देश के बारे में सुनकर बहुत खुश हुआ और उसने वहाँ जाने का भी निश्चय किया। और जब मैं अपने पिता के मेरे प्रति निश्चय का इंतजार कर रहा था, तभी वह (मेरा मित्र) सड़क मार्ग से रोडे आइलैंड जाने के लिए चल पड़ा। उसने अपनी पुस्तकें (गणित और प्राकृतिक दर्शन का एक छोटा संग्रह) मुझे सौप दीं और उन्हें तथा साथ में मेरी पुस्तकें भी मुझे न्यूयॉर्क लेकर पहुँचने के लिए कहा, जहाँ वह मेरे आने का इंतजार करेगा।

हालाँकि मेरे पिता ने गवर्नर कीथ के प्रस्ताव को स्वीकृति नहीं दी, लेकिन इस बात से वे खुश थे कि मैं जहाँ रह रहा था वहाँ के ऐसे महत्त्वपूर्ण व्यक्ति का विश्वास मैं हासिल कर सका। साथ ही इतने कम समय में अपनी मेहनत और सावधानी के कारण स्वयं को इतनी अच्छी तरह स्थापित कर पाया। चूँकि मेरे और मेरे भाई (ज़ेम्स) में सुलह के कोई आसार नहीं थे, इसलिए उन्होंने पुनः फिलाडेल्फिया जाने के लिए मुझे अनुमति दे दी। उन्होंने मुझे वहाँ के लोगों से सम्मानजनक व्यवहार करने और उनका सम्मान हासिल करने के मशविरे के अलावा किसी पर व्यंग्य या अपमानजनक लेख न प्रकाशित करने को कहा; क्योंकि उनका मानना था कि मेरा इस ओर काफी रुझान है। उन्होंने समझाया कि स्थिर व्यवसाय और मितव्ययिता से मैं 21

साल की अवस्था तक स्वयं को व्यवस्थित करने के लिए काफी बचत कर सकता था। उनके और माँ की ओर से उनके प्रेम के प्रतीक कुछ छोटे-छोटे उपहारों के अलावा यही सलाह-मशविरे ही न्यूयॉर्क जाने के दौरान मुझे मिल सके। इस बार उनकी स्वीकृति और आशीर्वाद मेरे साथ था। जहाज के न्यूपोर्ट रोडे आइलैंड पर रुकने पर मैं अपने भाई (जॉन) से मिलने गया, जो कि शादी करने के बाद कुछ वर्षों से वहीं बस गया था। वह बड़े प्रेम से मुझसे मिला। वह हमेशा से ही मुझे बहुत चाहता था।

उसने बताया कि पेंसिल्वेनिया में उसके एक मित्र वेरनन पर उसके कुछ पैसे (लगभग 35 पौंड) उधार हैं। उसने मुझे उससे पैसे लेकर अपने पास रखे रहने और उसके निर्देश के अनुसार उसे भेजने के लिए कहा। इस तरह उसने मुझे आदेश-सा ही दे दिया, जिससे मुझे काफी खराब लगा।

न्यूपोर्ट में बहुत से दूसरे यात्री भी जहाज में सवार हो गए। उनमें से दो युवतियाँ, उनके साथी और एक गंभीर व समझदार क्वेकर महिला तथा उसके अनुचर शामिल थे। मैंने उसके कुछ छोटे-मोटे काम बड़ी तत्परता से कर दिए, जिससे वह मुझसे बहुत प्रभावित हुई। जब उसने दिन-प्रतिदिन उन दो युवतियों से बढ़ती मेरी अंतरंगता देखी तो वह मुझे एक ओर ले गई और कहा, "लड़के, मुझे तुम्हारी चिंता है। एक तो तुम्हारे साथ कोई मित्र नहीं है, दूसरे तुम दुनियादारी के विषय में उतना नहीं जानते हुए भी नहीं लगते या उन जंजालों को भी नहीं समझते, जिसमें इस अवस्था (युवावस्था) में लोग उलझ जाते हैं। विश्वास करो, वे बहुत बुरी औरतें हैं और एक अच्छे मित्र की तरह तुम्हारी भलाई के लिए मैं सलाह देती हूँ कि उनसे दूर रहो।" मैंने सोचा कि उन युवतियों को उसकी तरह इतना गलत न समझूँ, लेकिन जब उसने कुछ ऐसी बातें बतलाईं, जो उसने देखी थीं और उनसे सुनी थीं तथा जिन्हें मैंने नजरअंदाज कर दिया था तो मुझे उसकी सलाह सही लगी। मैंने इस अच्छी सलाह के लिए उसका धन्यवाद दिया और उन्हें अमल में लाने का उससे वादा किया। जब हम न्यूयॉर्क पहुँचे तो उन्होंने (युवतियों ने) मुझे अपने निवास-स्थान के बारे में बताया। उन्होंने वहाँ आकर उनसे मिलने के लिए मुझे आमंत्रित किया। लेकिन मैंने टाल दिया, जो कि मैंने अच्छा ही किया था;

क्योंकि दूसरे दिन जहाज के कप्तान का चाँदी का चम्मच और कुछ और चीजें उसके केबिन से चोरी हो गए थे। वह (कप्तान) जानता था कि वे दोनों वेश्याएँ हैं, इसलिए उसने उनके सामानों की जाँच करने को कहा। जाँच करने पर उनके पास से चोरी की गई चीजें बरामद हो गईं और बतौर चोर उन्हें सजा मिली। इस तरह उस समझदार महिला की सलाह ने मुझे उनके साथ लिप्त होने से बचा लिया।

न्यूयॉर्क में मेरी मुलाकात मेरे मित्र कॉलिंस से हुई, जो मुझसे कुछ समय पहले वहाँ आया था। हमारी बचपन से ही घनिष्ठता रही और हमने एक सी पुस्तकें साथ-साथ पढ़ी थीं। लेकिन अध्ययन करने के लिए उसके पास ज्यादा समय हुआ करता था। गणित में वह बहुत होशियार था और मुझे काफी पीछे छोड़ देता। मेरे बोस्टन में रहने के दौरान मेरा ज्यादातर खाली समय उससे बातें करते हुए बीतता। वह हमेशा से ही एक मेहनती और अच्छा लड़का रहा। पढ़ाई में उसकी रुचि के कारण लोग उसे काफी पसंद करते थे। सभी को लगता था कि जीवन में वह कोई अच्छा काम करेगा। लेकिन मेरी अनुपस्थिति के दौरान उसे शराब की लत लग गई थी। उससे स्वयं, उसकी बातचीत से और दूसरों से सुनकर मुझे मालूम हुआ कि न्यूयॉर्क आने के बाद से वह रोज शराब पीता और बड़ा विचित्र व्यवहार किया करता था। उसने जुआ भी खेला था और अपने पैसे गँवा बैठा। इसलिए मुझे उसके ठहरने के किराए का भुगतान करना पड़ा और उसे फिलाडेल्फिया ले जाने तथा रखने में उस पर पैसे खर्च करने पड़े, जिससे मुझे काफी असुविधा और परेशानी हुई।

न्यूयॉर्क के तत्कालीन गवर्नर बरनेट (बिशप बरनेट का पुत्र) को कप्तान से जानकारी मिली कि एक लड़के, जो कि उसके जहाज के यात्रियों में से एक है, के पास बहुत सी पुस्तकें हैं। इसलिए उसने (गवर्नर) उसे (कैप्टन) मुझे उससे मिलाने के लिए कहा। मैं अकेले उससे मिलने के लिए चला गया, क्योंकि कॉलिंस सही हालत में नहीं था। गवर्नर मुझसे बड़ी भद्रता से पेश आया। उसने मुझे अपनी लाइब्रेरी दिखाई, जो कि काफी बड़ी थी और हमारे बीच पुस्तकों व लेखकों को लेकर काफी बातें हुईं। इस तरह यह दूसरा गवर्नर था, जिसका मुझ पर ध्यान गया और मुझे सम्मान मिला। मेरे जैसे गरीब

लड़के के लिए यह सचमुच खुशी की बात थी।

हम फिलाडेल्फिया के लिए रवाना हुए। रास्ते में मुझे वरनॉन के पैसे (जो मेरे भाई जॉन ने लेकर रखने के लिए कहा था) भी मिल गए, जो यदि नहीं मिले होते तो हमें अपनी यात्रा तय करने में भी मुश्किल होती। कॉलिंस किसी काउंटिंग हाउस में नौकरी करना चाहता था, लेकिन वहाँ लोगों को उसके साँस लेने से या अटपटे व्यवहार से उसके शराब पिए होने की बात पता चल गई। इसलिए उसे सफलता नहीं मिली, जबकि उसके पास कुछ अनुशंसा-पत्र भी थे। वह लगातार मेरे साथ उसी मकान में ठहरा रहा। उसके रहने-खाने का खर्च मुझे ही वहन करना पड़ रहा था। उसे मालूम था कि मेरे पास वरमॉन से मिले मेरे भाई के पैसे रखे हुए हैं, इसलिए वह लगातार मुझसे यह कहकर उधार ले रहा था कि जैसे ही उसे नौकरी मिलेगी, वह उन्हें चुकता कर देगा। इस तरह उसने मुझसे इतने पैसे उधार लेकर खर्च कर दिए कि मैं यह सोचकर परेशान हो जाता कि यदि मुझे पैसे भेजने के लिए कहा गया तो मैं क्या करूँगा।

उसका शराब पीना जारी रहा और इस बात को लेकर हममें कहा-सुनी भी हो जाया करती जब उसे थोड़ा नशा चढ़ जाता तो वह बहुत बदमिजाज हो जाता। एक बार नाव में डेलावेयर जाते समय उसने अपनी बारी में नाव खेने से मना कर दिया। उसके इस रवैए से उसमें सवार दूसरे लड़कों से उसकी कहा-सुनी हो गई। लेकिन मेरा मन उसके बरताव से दुखी हो गया था। उन लोगों ने जब मुझे ही नाव खेने के लिए कहा तो मैंने मना कर दिया। वह (कॉलिंस) मुझसे नाव खेवाने पर उतारू ही हो गया, नहीं तो उसने मुझे पानी में फेंक देने की धमकी दी। जब मेरे पास आकर उसने मुझ पर वार किया, मैंने उसके पैरों के बीचोबीच हाथ से वार किया और उठकर उसे नाव से बाहर नदी में धकेल दिया। मैं जानता था कि उसे अच्छी तरह तैरना आता है, इसलिए मुझे उसकी कोई चिंता नहीं हुई। जब उसने फिर से नाव पकड़ने की कोशिश की तो हम नाव को जल्दी से खेते हुए उसकी पहुँच से दूर ले गए और फिर जब वह नाव के नजदीक पहुँचा तो हमने उससे पूछा कि वह नाव खेना चाहेगा या नहीं। वह गुस्से में था और उसने नाव न खेने की जिद ठान

रखी थी, भले ही उसे अपनी जान क्यों न देनी पड़ती। किंतु अंततः उसे थकता हुआ देखकर हमने उसे खींचकर नाव के अंदर किया और पानी में तर-बतर भीगी हालत में शाम को मैं उसे घर लाया। उसके बाद से हमारे बीच कोई बात नहीं हुई। इस बीच एक वेस्टइंडीज कप्तान, जिसे बारबाडोस में एक सज्जन के बच्चों के लिए शिक्षक (ट्यूटर) की व्यवस्था करने को कहा गया था, उसकी कॉलिंस से मुलाकात हो गई और वह उसे वहाँ ले जाने के लिए तैयार हो गया। तब वह मेरे पास से चला गया, यह वादा करते हुए कि वह मेरे उधार के पैसे भेज देगा। लेकिन इसके बाद से मुझे उसकी कोई खबर नहीं मिली।

वरमान से मिले पैसे का इस तरह बिखर जाना मेरे जीवन की सबसे बड़ी गलतियों में से एक था। इस बात से मुझे आभास हुआ कि मेरे पिता का मेरे प्रति यह अनुमान सही था कि बड़े व्यवसाय को सँभालने के लिहाज से मैं उम्र में काफी छोटा था। लेकिन विलियम कीथ ने उनका पत्र पढ़कर कहा कि वह (मैं) बहुत समझदार है। लोगों के व्यक्तित्व में काफी भिन्नता होती है। समझ, बुद्धि या विवेक का संबंध हमेशा कई वर्षों की उम्र बिताने पर निर्भर नहीं होता, न ही युवावस्था हमेशा इससे अछूती रहती है। उसने (विलियम कीथ ने) सहृदयता के साथ मुझे भरोसा दिलाया था कि मुझे उसकी बातों में जरा भी संदेह नहीं हुआ। मैंने फिलाडेल्फिया में इस बात को गुप्त रखा था और अभी भी मैंने उसकी चर्चा किसी से नहीं की है। यदि मेरे किसी मित्र को (जो उसे बेहतर जानता होता) गवर्नर (कीथ) द्वारा मुझसे किए हुए वादे का पता चल गया होता तो संभवतः उसने मुझे उसका विश्वास न करने की सलाह दी होती; क्योंकि बाद में मैंने सुना कि आदतन वह (गवर्नर) ऐसे बड़े-बड़े वादे कर देता था, जिन्हें पूरा करने से उसे कोई सरोकार नहीं रहता था। लेकिन मैंने तो उसे दुनिया के सर्वाधिक श्रेष्ठ लोगों में एक समझ लिया था।

मुझे लगता है कि मैं यह बताना भूल ही गया कि बोस्टन से मेरी पहली यात्रा में ब्लॉक आइलैंड में आराम करने के दौरान मेरे सहयात्रियों ने मछलियाँ (कॉड) पकड़नी शुरू कर दीं। उन्होंने बहुत सारी मछलियाँ पकड़ी थीं। इस समय मैं मांसाहार न करने के अपने निर्णय पर अडिग था। अपनी बातचीत के

दौरान मैंने ट्रायन नाम के एक व्यक्ति से कहा कि हम व्यर्थ ही मछलियों की जान लेते हैं। आखिर उन्होंने हमारा कोई नुकसान तो किया नहीं है, न ही कर सकती हैं। यह सब कहने में तो उचित जान पड़ा; लेकिन पहले मैं मछलियाँ खाने का बड़ा शौकीन था। जब उन्हें कड़ाही में गरमागरम तेल के बाहर निकाला जाता तो उनकी महक बड़ी लुभावनी लगती। कुछ देर तक तो मैं सिद्धांत और रुझान के बीच संतुलन स्थापित करता रहा; लेकिन जब मैंने मछलियों को चीरने पर उनके पेट से छोटी मछलियाँ निकलते देखा तो मैंने सोचा, 'यदि तुम दूसरी मछली को खा सकते हो तो हम तुम्हें भला क्यों न खाएँ!' तब मैंने दूसरे लोगों के साथ मिलकर जी भर मछलियाँ (कॉड) खाईं। तर्कशील प्राणी होने के कारण जो हमारे मन को अच्छा लगे, वह करना कितना आसान हो जाता है।

कीमर और मैं एक-दूसरे के साथ बड़ी अंतरंगतापूर्वक रहते थे। हमारे संबंध अच्छे थे, क्योंकि उसे मुझ पर पूरा भरोसा था। उसका पुराना उत्साह वापस लौट आया था। उसे मुझसे तर्क करना अच्छा लगता था, जिसकी वजह से हममें कुछ मतभेद भी हो जाया करते थे। मैं अपने सुकरातवाले अंदाज में कुछ ऐसे प्रश्न करता जिनके उत्तर पहुँच से दूर जान पड़ते, लेकिन रहते आस-पास ही। वह मुझसे काफी सावधान रहने लगा, जो बड़ा हास्यास्पद था। मेरे एकदम सामान्य प्रश्नों के उत्तर देने में भी वह हिचकने लगता और पूछता, "तुम इससे क्या निष्कर्ष निकालना चाहते हो?" किंतु इस तरह मेरी काबिलियत को लेकर वह मुझसे इतना प्रभावित हो गया कि उसने अपनी एक नई योजना में मुझे अपना भागीदार बनाने का प्रस्ताव किया। दरअसल वह एक नया पंथ स्थापित करना चाहता था, जिसमें वह सिद्धांतों पर प्रवचन देता और मुझे उसका विरोध करनेवालों को चुप कराना था। जब उसने मुझे अपने सिद्धांतों के बारे में बताया तो मैंने उनसे जुड़े कुछ पहेलियों के सवाल उन बातों पर पूछे, जिनपर मुझे आपत्तियाँ थीं। इस तरह यह तय हुआ कि मैं अपनी ओर से उनका औचित्य ठहरा सकता था। कीमर ने अपनी लंबी दाढ़ी बढ़ाई, क्योंकि मोजेइक लॉ में कहीं कहा गया था, "तुम अपनी दाढ़ी के छोरों को नहीं काटोगे।" इस तरह वह 'सेवेंथ डे', 'सेबॉथ' का पालन करने लगा।

क्योंकि ये दो बातें उसके लिए जरूरी हो गई थीं। मुझे ये दोनों बातें पसंद नहीं थीं, लेकिन मैं उन्हें स्वीकार करने के लिए इस शर्त पर तैयार हो गया कि वह मांसयुक्त आहार न करने का सिद्धांत अपनाएगा। उसने कहा, ''मुझे संदेह है कि मेरा शरीर यह परहेज बरदाश्त नहीं कर सकेगा।'' मैंने उसे आश्वस्त किया कि ऐसा कुछ नहीं होगा और शाकाहारी भोजन उसके लिए बेहतर रहेगा।

हमने अपनी रसद तैयार करा ली और पड़ोस की एक महिला को मैंने 40 व्यंजनों की सूची दी, जिन्हें अलग-अलग अवसरों पर तैयार किया जाना था। इसमें मांस, मछली, मुर्गा कुछ भी शामिल नहीं था। यह मुझे काफी सस्ता पड़ने के दृष्टिकोण से भी अच्छा लगा—लगभग 18 पेंस स्टर्लिंग प्रति सप्ताह। वह महिला हमें नियमित हमारा भोजन लाकर दिया करती। तभी से मैंने कई लेंटू (ईस्टर के पूर्व के 40 दिन का व्रत) बड़ी कड़ाई से पालन किए हैं। मैं तो खुशी-खुशी इसमें चलता रहा, लेकिन बेचारा कीमर इस योजना से ऊबने लगा। उसका मांस खाने को जी चाहने लगा। उसने सुअर के मांस का ऑर्डर दिया और मुझे एवं दो महिला मित्रों को भी टेबल पर आमंत्रित किया। टेबल पर जैसे ही उसका इच्छित व्यंजन आया, वह उस पर टूट पड़ा और हमारे टेबल पर पहुँचने तक वह सारा चट कर गया था।

इस दौरान मिस रीड से मेरा कुछ प्रेम प्रसंग चला। उसके प्रति मेरे मन में अत्यधिक सम्मान व प्रेम था और मेरा विश्वास था कि उसके मन में मेरे लिए यही बात थी। चूँकि मैं लंबी समुद्री यात्रा के लिए निकल रहा था, इसलिए उसकी माँ ने विवाह के लिए मेरे यात्रा से लौटकर आ जाने का समय सुविधाजनक माना। इसके अलावा तब तक मैंने अपना काम भी जमा लिया होता। शायद ऐसा भी था कि उसने मेरी उम्मीदों को उतना वास्तविक न माना हो जितना मैं समझता था।

इस दौरान मेरे प्रमुख परिचितों में चार्ल्स ओस्बोर्न, जोसेफ वाटसन और जेम्स रॉल्फ शामिल थे। सभी पढ़ने में रुचि रखते थे। चार्ल्स ओस्बोर्न एवं जोसेफ वाटसन कस्बे में ही किसी ऑफिस में क्लर्क थे। चार्ल्स ब्रोगडन किसी व्यापारी का मुनीम था। वाटसन एक धार्मिक एवं समझदार आदमी

था। दूसरे अन्य धर्म के सिद्धांतों में काफी ढीले-ढाले थे, खासकर रॉल्फ। ओस्बोर्न समझदार, निष्कपट, ईमानदार और अपने मित्रों का चहेता था। लेकिन साहित्यिक मामलों में वह आलोचना करने का काफी शौकीन था। रॉल्फ प्रतिभाशाली तौर-तरीके से सभ्य एवं बहुत ज्यादा वाक्पटु था। मैं उसके जैसी लुभावनी बात करनेवाली दूसरे और किसी को नहीं जानता था। हम चारों रविवार को जंगल की ओर घूमने निकल जाते, जिसमें हमें काफी आनंद आता था। हममें से कोई कविताएँ सुनाता और कोई हाल ही में किए गए अध्ययन की बात करता।

रॉल्फ का रुझान कविताओं में होने के कारण वह उनका ज्यादा-से-ज्यादा अध्ययन करने में लगा रहता। इसमें संदेह नहीं था कि वह इसमें प्रमुख स्थान हासिल करके अपनी किस्मत चमका सकता था। उसका मानना था कि सर्वश्रेष्ठ कवि भी जब लिखना शुरू करते हैं तो उतनी गलतियाँ तो करते ही हैं, जितनी वह करता था। ओस्बोर्न उसके इस निर्णय से सहमत नहीं था। वह उसमें कविता लिखने के गुण नहीं देखता था, इसलिए वह उसे उसी व्यवसाय में मन लगाने की सलाह देता, जिसमें उसने प्रशिक्षण हासिल किया था।

आगे चलकर रॉल्फ ने कविताएँ लिखने के बदले गद्य लिखना शुरू कर दिया। वाटसन की मृत्यु हो चुकी थी उसने मेरी बाँहों में दम तोड़ा था। उसकी मौत पर मुझे खूब रोना आया। वह हमारे चार दोस्तों में काफी अहम था। ओस्बोर्न वेस्टइंडीज चला गया, जहाँ वह ख्याति प्राप्त वकील बन गया और काफी पैसा कमाया। लेकिन जवानी में ही उसकी मृत्यु हो गई। उसने और मैंने एक गंभीर समझौता किया था कि दोनों में जो भी पहले मरेगा, वह संभव हुआ तो दूसरे के पास मित्र की तरह मिलने आएगा और उस दूसरी दुनिया की बातों के विषय में बतलाएगा। लेकिन उसने अपना वादा कभी नहीं निभाया।

गवर्नर, जिसे शायद मेरा साथ अच्छा लगता था, मुझे हमेशा अपने साथ ले जाता था और मुझे स्थापित करता, खासतौर पर मैं उसकी बातों में शामिल हुआ करता। मुझे उसके दिए बहुत से अनुशंसा पत्र उसके मित्रों के पास ले जाने पड़ते। इसके साथ ही मैं मुद्रण यंत्र व कागज खरीदने के लिए आवश्यक पैसे उपलब्ध कराने के लिए साख-पत्र भी ले जाया करता। अलग-अलग

समयों पर इन पत्रों के लिए उनके तैयार हो जाने पर मुझे नियत किया जाता था। लेकिन फिर भी भविष्य का कोई समय तय कर दिया जाता। इस तरह उसने तब तक ऐसा जारी रखा जब तक कि वह जहाज, जिसका जाना कई बार स्थगित हो चुका था, यात्रा के लिए तैयार नहीं हो गया। जब मैं पत्र लेने के लिए उसके पास गया तो उसके सचिव डॉ. ब्रेड ने बाहर आकर कहा कि गवर्नर अभी लिखने में काफी व्यस्त हैं, लेकिन जहाज से पहले ही न्यूकासल पहुँच जाएँगे, जहाँ मुझे पत्र दे दिए जाएँगे।

रॉल्फ ने, जो शादीशुदा था और जिसके एक बच्चा भी था, मेरे साथ इस यात्रा पर जाने के लिए ठान रखी थी। ऐसा लगता था कि पत्र-व्यवहार कायम करके वस्तुएँ प्राप्त कर वह उन्हें कमीशन पर बेचने के इरादे से मेरे साथ चल रहा था, लेकिन बाद में मुझे मालूम हुआ कि अपनी पत्नी के व्यवहार से नाखुश होकर वह हमेशा के लिए उसे छोड़कर चला जाना चाहता था। अपने मित्रों से विदा लेकर और मिस रीड से कुछ वादे करके मैं जहाज में फिलाडेल्फिया से रवाना हुआ। न्यूकासल में जहाज को लंगर डालकर रोक दिया गया। गवर्नर वहाँ था। लेकिन जब मैं वहाँ गया, जहाँ वह ठहरा हुआ था तो उसके सचिव ने मुझे बताया कि वह किसी बहुत महत्त्वपूर्ण काम में लगा हुआ है और पत्रों को भी वह जहाज से बाद में भेजेगा। उसने मेरे लिए शुभ यात्रा व शीघ्र वापसी की कामना की है। मैं कुछ बेचैनी से जहाज पर लौट आया; लेकिन तब भी मुझे उस पर संदेह नहीं हुआ।

फिलाडेल्फिया के विख्यात अधिवक्ता एंड्रयू हैमिल्टन अपने बेटे के साथ उसी जहाज पर सवार हुए। उनके साथ थे डेन्हम क्वेकर का एक व्यापारी और ऑकिम ऑनियन व रसेल, जो कि मेरीलैंड में लोहे के व्यापारी थे। जब ये बड़े केबिन में आ गए तो रॉल्फ और मुझे नाव चलानेवाले हिस्से में जगह लेनी पड़ी। चूँकि हमें कोई जानता नहीं था, इसलिए हमें सामान्य व्यक्ति समझ लिया गया। लेकिन मिस्टर हैमिल्टन और उसका बेटा न्यूकासल से फिलाडेल्फिया लौट गए, क्योंकि उन्हें एक जब्त किए गए जहाज के मुकदमे की दलील देने के लिए अच्छी फीस का प्रस्ताव मिल गया था। वहाँ (न्यूकासल) से जहाज के आगे बढ़ने से पहले ही कर्नल फ्रेंच उसमें सवार हो

गए। जब उन्होंने मेरे प्रति सम्मान जाहिर किया तो लोगों का ध्यान हम पर गया और दूसरे सज्जनों द्वारा मुझे व रॉल्फ को केबिन में बुला लिया गया।

यह जानकर कि कर्नल फ्रेंच गवर्नर के पत्र लेकर जा रहा है, मैंने उन पत्रों के विषय में पूछा, जो मुझे सौंपे जाने थे। उसने बताया कि सभी पत्र एक साथ बैग में रखे हुए थे और लंदन में उतरने से पहले मैं उन्हें अलग करके निकाल सकता था। इस तरह उस समय मैं संतुष्ट हो गया और हम अपनी यात्रा पर आगे बढ़ने लगे और केबिन में एक-दूसरे से अच्छी तरह घुल-मिल गए। इसी दौरान मिस्टर डेन्हम की मुझसे दोस्ती हो गई, जो उनके जीने तक कायम रही। खराब मौसम के कारण वैसे हमारी यात्रा उतनी मजेदार नहीं रही।

जब हम इंग्लैंड के चैनल पर पहुँचे तो कर्नल ने अपनी बात रखते हुए मुझे गवर्नर के पत्रों में से अपने पत्र देखकर निकालने के लिए बैग दे दिया। मुझे ऐसा कोई पत्र नजर नहीं आया, जिसमें मेरा नाम लिखा हो कि वह मेरी अभिरक्षा में है। मैंने 6 या 7 ऐसे पत्र निकाल लिये, जो हाथ की लिखावट से ऐसे लगे जो उसने (गवर्नर) मुझे सौंपने का वादा किया था। खासकर उनमें से एक, जो किंग के मुद्रक बास्केट को निर्देशित था और दूसरा कार्यालयीन साम्रगीवाले को। हम 24 दिसंबर 1724 को लंदन पहुँचे। मैं कार्यालयीन सामग्रीवाले के पास पहुँचा, क्योंकि वह रास्ते में पहले पड़ता था। उसे पत्र देते हुए जब मैंने बताया कि गवर्नर कीथ ने उसे भेजा है तो उसने कहा, "मैं ऐसे किसी व्यक्ति को नहीं जानता।" तब पत्र खोलते हुए उसने कहा, "ओह, तो यह रिडल्सन ने भेजा है। हाल ही में मुझे मालूम हुआ कि वह पूरी तरह कमीना है। मेरा उससे कोई लेना-देना नहीं है, न ही मैं उसका कोई पत्र स्वीकार करूँगा।" ऐसा कहकर मेरे हाथों में पत्र थमाते हुए वह उलटे पाँव लौट गया और एक ग्राहक को सामान देने लगा। यह जानकर मैं हैरान रह गया कि ये पत्र गवर्नर के नहीं हैं।

अब पिछले वाक्यों को याद करके और उनकी एक-दूसरे से तुलना करके मुझे उसकी (गवर्नर की) निष्ठा पर शक होने लगा। मैंने अपने मित्र डेन्हम को सारी बातें बतलाईं। उसने मुझे कीथ के चरित्र के बारे में बतलाया

और कहा कि इस बात की जरा भी संभावना नहीं है कि उसने मेरे लिए पत्र लिखा होगा। कोई भी व्यक्ति जो उसे जानता है, उस पर थोड़ा भी निर्भर नहीं रहेगा। गवर्नर द्वारा मुझे साख-पत्र लिखे जाने की बात पर वह हँस पड़ा। मेरी इस चिंता पर कि मुझे अब क्या करना चाहिए, उसने मुझे सलाह दी कि जो काम मुझे आता है, मैं उसी में कोई नौकरी तलाश करूँ। उसने कहा, "यहाँ के मुद्रकों के बीच काम करके तुम अपने काम में सुधार ला सकते हो। और जब तुम अमेरिका लौटोगे तो तुम्हें इससे कहीं बेहतर लाभ मिलेगा।"

किसी गवर्नर जैसे स्तर के व्यक्ति का एक भोले-भाले लड़के के साथ ऐसी चालबाजी खेलने का भला हम क्या अर्थ निकालते! यह उसकी आदत बन चुकी थी। वह सभी को खुश रखना चाहता था। इसलिए देने को और कुछ न होने के कारण वह केवल उम्मीदें और आश्वासन दिया करता। अन्यथा वह एक प्रतिभावान्, समझदार आदमी था। एक अच्छा लेखक और लोगों की नजर में एक अच्छा गवर्नर भी था। हमारे सर्वोत्तम कानूनों में से कई उसकी योजना के हिस्से थे और उसी के प्रशासन के दौरान पास हुए थे।

रॉल्फ और मैं एक-दूसरे के अभिन्न मित्र थे। लिटिन ब्रिटेन में हम 3 शिलिंग और 6 पेंस प्रति सप्ताह की दर से ठहर गए। हम उस समय इतना ही वहन कर सकते थे। उसने कुछ रिश्तेदारों का पता लगाया, लेकिन गरीब होने की वजह से वे हमारी मदद नहीं कर सकते थे। तभी उसने हमेशा के लिए लंदन में रहने और फिलाडेल्फिया कभी न लौटने का अपना इरादा बतलाया। वह पैसा लेकर नहीं चला था और जो पैसे उसके पास थे, वह यात्रा करने में खर्च हो चुके थे। मेरे पास 15 पिस्टोल्स थे। इसलिए खर्च के लिए वह मुझसे उधार ले लेता और अपना व्यवसाय तलाशता रहता। पहले उसने नाट्यगृह में काम पाने का प्रयास किया, क्योंकि उसे विश्वास था कि अभिनय के लिए वह योग्य है; लेकिन जहाँ उसने आवेदन किया था, उसने साफतौर पर उसे सलाह दी कि इस क्षेत्र में उसका सफल होना असंभव है। तब उसने पेंटरनोस्टर रो में रॉबर्ट्स नामक एक प्रकाशक को प्रस्ताव दिया कि वह कुछ शर्तों पर 'स्पेक्टेटर' की तरह साप्ताहिक अखबार में उसके लिए लेख लिखेगा। लेकिन रॉबर्ट ने उसका प्रस्ताव अस्वीकार कर दिया। तब उसने छोटे स्तर पर लेखक

बनने का प्रयास किया, लेकिन उसे जगह नहीं मिली।

मुझे शीघ्र ही बारथोलोम्यू क्लोज में पामर्स नामक विख्यात मुद्रणालय में नौकरी मिल गई, जहाँ मैंने तकरीबन साल भर काम किया। मैं बहुत मेहनती था, लेकिन अपनी कमाई का बड़ा हिस्सा रॉल्फ के साथ नाटक देखने तथा अन्य मनोरंजन स्थल जाने में खर्च कर देता था। इससे पहले मैंने उसके साथ मिलकर अपने सारे पिस्टोल्स (पैसे) खर्च कर डाले थे और अब फाके की नौबत आ चुकी थी। वह तो अपनी बीवी व बच्चे को लगभग भूल ही चुका लगता था। और मैं भी एक सीमा तक मिस रीड के साथ हुई अपनी सगाई को भूल चुका था। उसे मैंने अब तक केवल एक ही पत्र लिखा था, वह भी यह बताने के लिए कि मेरी जल्दी लौटने की संभावना नहीं है। यह मेरे जीवन की दूसरी बड़ी भूल थी, जिसे मैं सुधारना चाहता था। वस्तुतः अपने खर्चे की वजह से मैं जहाज का किराया भुगतान करने में लगातार अक्षम रहा।

पामर्स मुद्रणालय में मुझे बोलेस्टन के 'रिलीजन ऑफ नेचर' के द्वितीय संस्करण को लिखने के काम में लगाया गया। उसके कुछ तर्क मुझे अच्छी तरह नहीं जमे। मैंने एक पारलौकिक लेख लिखा, जिसका शीर्षक था—'ए डिजर्टेशन ऑन लिबर्टी एंड नेसेसिटी, प्लेजर एंड पेन'। मैंने इसमें अपने मित्र रॉल्फ का नाम लिख दिया। इससे मिस्टर पामर ने एक होनहार युवा व्यक्ति के रूप में मेरे विषय में सोचा। हालाँकि उसने बड़ी गंभीरता से मेरे पैंफलेट के सिद्धांतों पर अपनी हलकी असहमति जताई, क्योंकि वे उसे गलत लगते थे। इस पैंफलेट को मुद्रित करना मेरी एक और गलती थी। लिटिल ब्रिटेन में रहने के दौरान मेरा परिचय मेरे निकट पड़ोस में पुस्तकों की दुकान चलानेवाले विलकॉक्स से हो गया। उसके पास पढ़ी हुई पुरानी पुस्तकों का भारी संग्रह था। उन दिनों वाचनालय का प्रचलन नहीं था। लेकिन कुछ उचित शर्तों पर (जो अब मुझे याद नहीं हैं) उसने मुझे पुस्तक घर ले जाकर पढ़ने और पढ़कर लौटाने की अनुमति दे दी। यह मेरे लिए बड़ा फायदेमंद साबित हुआ, जिसका मैंने यथासंभव प्रयोग किया।

मेरा पैंफलेट संयोगवश किसी लाइओंस नामक सर्जन के हाथों पड़ गया। वे एक लेखक भी थे। उन्होंने 'इनफैलिबिलिटी ऑफ ह्यूमन जजमेंट'

नामक शीर्षक से पुस्तक भी लिखी थी। इससे हमें आपस में परिचित होने का मौका मिला। मेरी ओर उनका काफी रुझान बढ़ा। वे मुझसे संबंधित विषयों पर चर्चा करने आ जाया करते। उन्होंने मुझे 'फेबल ऑफ द बीज' के लेखक डॉ. मानडेविले से परिचित कराया। लाइओंस ने मेरी मुलाकात डॉ. पेंबर्टन से भी कराई, जिन्होंने कभी सर आइजक न्यूटन से मिलने का अवसर उपलब्ध कराने का वादा किया। उनसे (न्यूटन से) मिलने की मेरी बड़ी इच्छा भी थी, लेकिन ऐसा हो न सका।

मुझमें कुछ उत्सुकताएँ थीं, जिनमें प्रमुख थीं एस्बेस्टस के बने पर्स का आग में पककर शुरू होना। सर हंस स्लोने ने जब इस विषय में सुना तो वे मुझसे मिलने पहुँचे। उन्होंने ब्लूमब्यूटी स्थित अपने आवास पर मुझे आमंत्रित भी किया, जहाँ उन्होंने मुझे अपनी सभी उत्सुकताओं से परिचित कराया और मेरी अपनी उत्सुकता का योगदान उसमें करने के लिए कहा, जिसके लिए उन्होंने मुझे काफी अच्छी राशि का भुगतान भी किया।

हमारे घर के पास एक युवती रहती थी, जिसकी शायद क्लाइस्टर्स में एक दुकान थी। वह कुलीन, समझदार, चपल एवं बातचीत में बड़ी अच्छी महिला थी। रॉल्फ रोज शाम को उसे नाटक पढ़कर सुनाया करता था। दोनों में नजदीकी बढ़ने लगी। उसने रहने की दूसरी जगह ले ली। रॉल्फ भी उसके साथ चला गया। दोनों कुछ समय तक साथ-साथ रहे, लेकिन उसके बेरोजगार रहने और उस महिला की आमदनी के उसका और अपने बच्चे का सारा खर्च वहन करने में अपर्याप्त होने की वजह से उसने लंदन छोड़ने का इरादा कर लिया। उसने किसी गाँव के स्कूल में अध्यापन करने की सोची, क्योंकि वह इसके लिए स्वयं को काबिल समझता था, साथ ही वह अंकगणित और लेखाकार्य में प्रवीण था। यद्यपि इस काम को वह स्वयं के हिसाब से निम्न स्तरीय मानता था। उसे बेहतर भविष्य की आशा थी। इसलिए यह जाहिर न होने देने के लिए वह ऐसे स्तरहीन काम में कभी लगा था, उसने अपना नाम बदल दिया और खुद के लिए मेरे नाम का प्रयोग किया। क्योंकि उसके जाने के शीघ्र बाद ही मुझे उसका पत्र मिला, जिसमें उसने मुझे लिखा था कि वह एक छोटे गाँव (वर्कशायर) के स्कूल में पढ़ा

रहा है। उसने मुझे मिस्टर फ्रैंकलिन स्कूल शिक्षक के नाम से खुद को पत्र लिखने के लिए भी कहा। आगे किसी महिला मिसेज टी. की को लेकर मेरा रॉल्फ से बिगाड़ हो गया। मैंने पामर्स मुद्रणालय छोड़ दिया और लिंकन इन फील्ड के नजदीक स्थित वाट्स मुद्रणालय में नौकरी कर ली। यह पामर्स से भी बड़ा मुद्रणालय था। यहाँ मैंने लंदन में रहने की पूरी अवधि के दौरान काम किया।

इस मुद्रणालय में प्रवेश करने पर शुरू-शुरू में मैंने मुद्रण यंत्र पर काम करने का निश्चय शारीरिक व्यायाम के दृष्टिकोण से किया, जिसका मैं अमेरिका में आदी था। वहाँ मुद्रण यंत्र पर काम करने के अलावा लिखना भी शामिल था। मैं पानी ही पीता था; जबकि दूसरे कर्मचारी, जिनकी संख्या लगभग 50 थी, वे छककर बीयर पीते थे। जरूरत पड़ने पर मैं दोनों हाथों में मुद्रण का बड़ा सामान रखकर ऊपर-नीचे आता जाता था, जबकि दूसरे केवल एक ही वस्तु दोनों हाथों में उठाकर चलते थे। ये और ऐसी ही कई दूसरी बातें देखकर वे हैरान रह जाते थे तथा कहा करते, यह वाटर अमेरिकन (मेरे लिए उनके द्वारा प्रयुक्त संबोधन) उन सभी से ज्यादा ताकतवर है, जो कड़ी बीयर पीते हैं। वहाँ शराबखाने से बीयर लेकर आने के लिए एक लड़का रखा गया था, जो कर्मचारियों की जरूरत के मुताबिक बीयर की आपूर्ति किया करता था। मुद्रणालय में मेरा एक साथी थोड़ी बीयर नाश्ते के पहले, थोड़ी नाश्ते और दोपहर के भोजन के बीच, थोड़ी दोपहर के भोजन के साथ, थोड़ी शाम छह बजे और थोड़ी दिन का काम समाप्त करके पिया करता था। यह रिवाज मुझे बड़ा घृणित महसूस होता था; लेकिन उसके लिए यह जरूरी था, क्योंकि वह समझता था कि कड़ी बीयर पीकर ही वह कड़ी मेहनत करनेवाला मजदूर हो सकता था। मैंने उसे समझाने का बहुत प्रयास किया कि बीयर पीने से जो ऊर्जा उसे मिलती है, वह उसमें मिले अनाज या जौ के अनुपात की वजह से है, जो कि उन्हीं से बनने के कारण उसमें घुले हुए होते हैं। 1 पेनी भर कीमत की ब्रेड को पानी के साथ यदि वह खाए तो उसे एक क्वाटर बीयर की अपेक्षा ज्यादा ऊर्जा प्राप्त हो सकती है। लेकिन यह बात उसकी समझ में नहीं आई और उसने पीना जारी रखा। अपनी मजदूरी में से 5 शिलिंग वह प्रत्येक

शनिवार की रात को चुका दिया करता। यह एक ऐसा खर्च था, जिससे मैं मुक्त था।

कुछ सप्ताहों के पश्चात् वाट्स ने मुझे कंपोजिंग रूम में बुला लिया। मुद्रण कर्मचारियों से मेरा साथ टूट गया। कंपोजिंग विभाग में काम करनेवालों (कंपोजिटर्स) द्वारा मुझसे बीयर पार्टी पर होनेवाले खर्च के लिए 5 शिलिंग की माँग की गई। मेरे द्वारा इस प्रस्ताव को स्वीकार न किए जाने के कारण वे मुझसे अलग-थलग रहने लगे। इतना ही नहीं, वे मेरे किए हुए काम के साथ मेरी अनुपस्थिति में छेड़छाड़ करने से भी नहीं चूकते थे। इन सबके लिए वे कहते कि यह यहाँ रहनेवाले भूत का काम है। जो यहाँ के नियमों को नहीं मानता वह उनके साथ ऐसा ही व्यवहार करता है। जहाँ लगातार मुझे रहना ही था तो वहाँ के लोगों से संबंध बिगाड़कर रहना मेरी मूर्खता ही होगी। यह सोचकर मैंने बीयर पार्टी के पैसे उन्हें दे दिए।

इसके साथ ही मेरे प्रति उनका रवैया बदल गया और शीघ्र ही उन पर मेरा प्रभाव जमना शुरू हो गया। मैंने उनके द्वारा बनाए गए नियमों में कुछ बदलाव के प्रस्ताव किए और तमाम विरोधों के बाद भी उन्हें लागू कराया। उदाहरण के लिए, कुछ लोगों ने मेरे नाश्ते की शैली में नाश्ता करना शुरू कर दिया। उनके नाश्ते में शामिल बीयर, ब्रेड और मक्खन के बदले वे मेरी तरह पड़ोस की दुकान से एक बड़ा कटोरा भरकर पानीवाली दलिया, जिसमें पीपर छिड़ककर, ब्रेड के टुकड़े और कुछ मक्खन मिलाकर दिया जाता था, माँगने लग गए। उन्हें समझ में आ गया कि यह बेहतर एवं अपेक्षाकृत काफी सस्ता नाश्ता था। इससे मेरे प्रति उन लोगों में सम्मान बढ़ने लगा। मेरी लगातार उपस्थिति (मैं संडे-मंडे नहीं मानता था) और तेज कंपोजिंग देखकर प्रेषण (डिस्पैच) कार्य की सारी जिम्मेदारी मुझे सौंप दी गई, जिसके लिए सामान्यत: बेहतर भुगतान किया जाता था। इसलिए मैं बड़े आराम से काम करता रहा।

लिटिल ब्रिटेन में मेरा निवास मुद्रणालय से काफी दूर होने के कारण मैंने रोमिश चैपल के सामने ड्यूक स्ट्रीट में दूसरा मकान किराए पर ले लिया। मकान एक इटैलियन गोदाम के पीछे था और एक विधवा महिला उसकी मालकिन थी। वह अपनी एक बेटी और एक नौकरानी के साथ रहती थी।

जहाँ मैं पहले रहता था, वहाँ मेरे चाल-चलन के बारे में पूछताछ कराने और संतुष्ट होने के बाद उसने पहले वाले किराए की दर से ही मुझे मकान दे दिया। उसने बताया कि एक पुरुष के रहने से सुरक्षा होने की भावना के कारण उसने सस्ते में ही मकान दे दिया था। वह एक बुजुर्ग विधवा महिला थीं। एक पादरी क़ी बेटी होने के कारण वह प्रोटेस्टेंट संप्रदाय में पली-बढ़ी थीं। लेकिन अपने पति के कहने पर उन्होंने कैथोलिक संप्रदाय अपना लिया था। वह बहुत से विशिष्ट लोगों के बीच रह चुकी थीं और उनसे जुड़े चार्ल्स द्वितीय के समय की बहुत-सी बातें उन्हें मालूम थीं। घुटनों में वात की शिकायत होने के कारण वह अपने कमरे से बहुत कम बाहर निकलती थीं। इसलिए कभी-कभी उन्हें किसी के साथ की जरूरत होती थी। मुझे तो उनका साथ इतना अच्छा लगता था कि जब कभी वह चाहतीं, मैं उनके साथ शाम गुजार देता था। हमारे भोजन में मछली, ब्रेड व मक्खन और थोड़ा बीयर हुआ करती थी; लेकिन उससे बात करके अच्छा मनोरंजन होता था। मेरा हमेशा समय से आना-जाना एवं उसके परिवार को कोई परेशानी न होने देने की वजह से वह मुझे कहीं और जाने देने के लिए तैयार नहीं थीं। जब मैंने अपने मुद्रणालय से काफी नजदीक 2 शिलिंग प्रति सप्ताह पर उपलब्ध कम किराए पर एक मकान लेकर जाने की उससे चर्चा की तो उसने किराया घटाकर उतना ही कर दिया। इसलिए लंदन में रहने के दौरान मैं हमेशा वहीं रहा।

उसके घर के सबसे ऊपर एक कमरे में लगभग 70 वर्ष की एक अविवाहित महिला रहती थी। वह एकांतप्रिय थी। उसके बारे में मेरी मकान मालकिन ने बताया कि वह रोमन कैथोलिक थी और उसकी युवावस्था के दौरान उसे नन (ईसाई साध्वी) बनने के लिए विदेश भेजा गया, जहाँ वह ननरी (ईसाई साध्वियों के रहने का स्थान) में रहती थी। लेकिन उस देश में उसके रहने को स्वीकृति नहीं मिली और वह इंग्लैंड लौट आई, जहाँ कोई ननरी न होने के बावजूद उसने एक नन की तरह रहने की शपथ ली। तदनुसार उसने अपनी सारी जायदाद परमार्थ में दान कर दी। उसमें से साल में मात्र 12 पौंड वह गुजारा खर्च के लिए लेती है। इस पैसे का भी एक बड़ा हिस्सा वह

दान कर देती है। वह पानी का दलिया बनाकर खाती है। इसके अलावा आग का दूसरा प्रयोग (जाड़े इत्यादि में) वह नहीं करती। वह कई वर्षों से यहीं रह रही है। एक बार मुझे उससे मिलने जाने की अनुमति मिली।

वह खुशमिजाज और काफी विनम्र थी। उसने बड़ी खुशी से हमसे बातें कीं। कमरे में सफाई थी। कमरे में एक टेबल थी, जिस पर क्रॉस एवं एक पुस्तक रखी हुई थी तथा एक तिपाई के अलावा कोई और फर्नीचर नहीं था। उसने मुझे बैठने के लिए तिपाई दी। चिमनी के ऊपर सेंट विक्टोरिया की प्रतिमा की तसवीर थी, जो हाथ में रखे एक रूमाल पर ईसा मसीह के खून से लथपथ चेहरे की विचित्र आकृति प्रदर्शित कर रही थी। इस तसवीर के विषय में उसने काफी गंभीरतापूर्वक मुझे बताया। वह उदास लगती थी, लेकिन बीमार नहीं थी। इसके माध्यम से मैं एक और उदाहरण यह देना चाहता हूँ कि किस तरह से कम आमदनी पर भी स्वास्थ्य की रक्षा और जीवन-निर्वाह किया जा सकता है। वाट्स मुद्रणालय में मेरा परिचय वायगेट नामक एक प्रतिभाशाली युवा व्यक्ति से हुआ। उसके संबंध धनाढ्य लोगों से थे। वह सुशिक्षित था, अच्छी फ्रेंच बोलता था और पढ़ने का भी शौकीन था। मैंने उसे एवं उसके एक मित्र को नदी में तैरना सिखाया और शीघ्र ही वे अच्छे तैराक बन गए।

उन्होंने उस देश के कुछ सज्जनों से मेरा परिचय कराया, जो जल मार्ग से कॉलेज और डॉन साल्टेरोज के विचित्र संग्रह देखने चेल्जी जाया करते थे। एक दिन जब मैं भी उनके साथ था और हम वापस लौट रहे थे तो वॉयगेट द्वारा उन्हें तैरने में मेरे पारंगत होने के बारे में बताया गया। इससे उनकी उत्सुकता बढ़ गई और उनके अनुरोध करने पर मैं कपड़े उतारकर नदी में कूद गया। मैंने चेल्सी से लेकर ब्लैकफ्रायर तक उन्हें पानी के ऊपर, पानी के नीचे तैराकी के अनेक कारनामे दिखाए। इससे वे लोग आश्चर्यचकित और खुश हुए, जिनके लिए यह नई बात थी।

बचपन से ही मुझे इस व्यायाम का बहुत शौक था। मैंने थैवनॉट की तैराकी से संबंधित गतियों और विधियों का अध्ययन व अभ्यास करके अपनी ओर से भी कुछ गुर जोड़ दिए थे। इस मौके पर वह सभी मैंने उन्हें करके

दिखाए और उनकी प्रशंसा से मुझे काफी खुशी हुई। और वॉयगेट, जो तैराकी में प्रवीण होना चाहता था, इसके बाद मुझसे और ज्यादा घनिष्ठ हो गया। एक बार उसने मुझे अपने साथ सारे यूरोप के भ्रमण का प्रस्ताव रखा, जिसके दौरान हम अपना काम करके ही अपना खर्च उठाते। एक बार तो उसके प्रस्ताव पर मेरा मन बन भी गया; लेकिन जब मैंने अपने एक अच्छे मित्र डेन्हम से इस बात की चर्चा की तो उसने मुझे इसके लिए मना करते हुए केवल पेंसिल्वेनिया लौटने के बारे में विचार करने के लिए कहा, जिसके लिए वह अब तैयार ही था। मुझे इस अच्छे आदमी के चरित्र की एक बात यह जरूर दर्ज करनी चाहिए। वह पहले ब्रिस्टॉल में व्यवसाय करता था; लेकिन बहुत से लोगों का कर्ज चुका पाने में असमर्थ रहने के कारण उसने उनसे मिलकर कर्ज का निस्तारण किया और अमेरिका चला गया। वहाँ व्यापारी के तौर पर अपने काम में लगकर कुछ वर्षों में अच्छा धन कमा लिया। जहाज में मेरे साथ इंग्लैंड लौटकर उसने अपने पुराने लेनदारों को बुलाकर कर्ज के सरल निस्तारण से उसकी मदद करने के लिए धन्यवाद किया। उसके बाद उन सभी की शेष रकम को ब्याज समेत लौटा दिया। जबकि उसके लेनदारों को निस्तारण से मिले पैसे के बाद बचे पैसे मिलने की कोई आस नहीं थी।

इसके बाद उसने मुझे बताया कि वह फिलाडेल्फिया लौटने वाला है, जहाँ बड़ी मात्रा में कुछ सामान ले जाकर वह एक दुकान शुरू करेगा। उसने मुझे अपना हिसाब-किताब सँभालने के लिए मुनीम रखने का प्रस्ताव किया। उसने कहा कि इस व्यापार में जब मैं कुशल हो जाऊँगा तब वह आटे और ब्रेड के सामान के साथ वेस्टइंडीज भेजेगा और दूसरों से मुझे कमीशन दिलवाएगा, जिससे काफी फायदा होगा और यदि मैंने यह सब अच्छी तरह सँभाल लिया तो वह मुझे अच्छी तरह से स्थापित कर देगा। उसकी बात मुझे अच्छी लगी, क्योंकि लंदन में रहकर मैं ऊब गया था। पेंसिल्वेनिया मैं खुशी से बिताए महीनों की याद से मुझे खुशी हुई और फिर वहीं जाने की इच्छा पैदा हो गई। इसलिए 50 पौंड वार्षिक वेतन की शर्त पर मैं तुरंत तैयार हो गया। यह कंपोजिटर के रूप में मेरी वर्तमान आय से कम जरूर थी, लेकिन इसमें बेहतर प्रत्याशाएँ थीं।

अब मैंने मुद्रण को, जैसा मैंने सोचा था, हमेशा के लिए अलविदा कह दिया और डेन्हम के साथ इधर-उधर जाकर विभिन्न व्यवसायियों से विभिन्न प्रकार की वस्तुएँ खरीदता, वस्तुओं को पैक कराते देखता, कामगारों को बुलाकर प्रेषण करता, जब सामान जहाज पर लद जाता तो मुझे कुछ दिनों का अवकाश मिलता। इस तरह मैं अपने इस नए व्यवसाय में जुट गया। इसी दौरान एक दिन मैं आश्चर्यचकित रह गया, क्योंकि मुझे उस महान् आदमी से मिलने के लिए भेजा गया, जिसे मैं केवल नाम से ही जानता था। उसका नाम विलियम विंदम था। मैं उससे मिलने पहुँचा। उसने किसी से मेरे चैल्जी से ब्लैकक्रॉमर तक तैरने और वॉयगेट एवं एक और लड़के को कुछ ही घंटे में तैरना सिखा देने के बारे में सुन रखा था। उसके दो बेटे थे, जो अपनी यात्रा पर जाने वाले थे। उसने उन्हें तैरना सिखाने के लिए मुझसे कहा, जिसके बदले में वह अच्छी राशि देने के लिए तैयार था। उसके बेटे तब तक कस्बे में नहीं आए थे, जबकि मेरा वहाँ रुकना अनिश्चित था। इसलिए मैं उसका प्रस्ताव स्वीकार नहीं कर पाया। लेकिन इस घटना से मुझे यह लगा कि यदि इंग्लैंड में रहकर तैराकी स्कूल शुरू करूँ तो मैं अच्छे पैसे कमा सकता हूँ और इस विचार ने मेरे मन को इतनी तेजी से झकझोरा कि यदि यह पहल पहले कर दी गई होती तो मैं इतनी जल्दी अमेरिका नहीं लौटता। कई वर्षों के बाद तुम और मैं सर विलियम विंदम के बेटों में से एक के साथ (जो बाद में इग्रेमोंट का अर्ल बन गया) हम ज्यादा महत्त्वपूर्ण काम से जुड़े रहे, जिसका वर्णन मैं यथा स्थान करूँगा।

इस तरह मैंने लगभग 18 महीने लंदन में बिताए। इस दौरान ज्यादातर समय का उपयोग मैंने अपना काम करने में बिताया। थोड़ा समय नाटक देखकर एवं पुस्तकें पढ़कर मैंने खुद के लिए भी दिया। मेरे मित्र रॉल्फ ने तो मुझे कंगाल ही बना रखा था। उसके ऊपर मेरे 27 पौंड उधार थे, जिनके अब कभी न मिलने की संभावना है। यह मेरी छोटी सी कमाई का बड़ा हिस्सा था। फिर भी कई अच्छे गुणों के कारण मैं उसे पसंद करता था। मैंने अपना भाग्य अभी तक नहीं सुधारा था; लेकिन मेरे कुछ अच्छे संबंध कायम हो चुके थे, जिनसे बात व्यवहार मेरे लिए काफी फायदेमंद साबित हुआ। मैंने इस दौरान अच्छा अध्ययन भी किया।

23 जुलाई, 1726 को ग्रेवसेंड से हमने जहाज से यात्रा शुरू की। 11 अक्तूबर को हम फिलाडेल्फिया में उतरे, जहाँ मुझे छुटपुट परिवर्तन देखने को मिले। कीथ अब गवर्नर के पद पर नहीं था। उसकी जगह मेजर गोडर्न ने ले ली थी। मेरी मुलाकात उससे (कीथ से) सड़क पर चलते हुए एक आम नागरिक के रूप में हुई। मुझे देखकर वह कुछ शर्मिंदा-सा लग रहा था। लेकिन बिना कुछ कहे वह आगे बढ़ गया। उतनी ही शर्मिंदगी मुझे मिस रीड को देखकर हुई होती, यदि उसके मित्रों ने मेरे न लौटने से निराश होकर उसकी शादी किसी और व्यक्ति (किसी रोजर) से करने के लिए उसे न मना लिया होता। हालाँकि उसके साथ वह कभी सुखी नहीं रही और जल्दी ही उसके साथ रहने से इनकार करते हुए उससे अलग हो गई। उसके बारे में यह कहा जा रहा था कि उसकी एक और पत्नी है। वह बेकार इनसान था, हालाँकि एक अच्छा कामगार था, जिसके कारण उसके (मिस रीड) के मित्र उसकी तरफ आकर्षित हुए थे। वह कर्ज तले दब चुका था और वर्ष 1727 या 1728 में वेस्टइंडीज चला गया, जहाँ उसकी मृत्यु हो गई। कीमर के पास पहले से बेहतर मकान, एक दुकान, जिसमें कार्यालयीन सामग्रियाँ भरी थीं, अनेक नए छापे, बहुत से कर्मचारी (यद्यपि कोई बहुत अच्छा नहीं) और अच्छी तरह चलता हुआ व्यवसाय हो गया था।

मिस्टर डेन्हम ने वाटर स्ट्रीट में एक दुकान ले ली, जहाँ हमने अपनी चीजें जमाईं। मैंने मेहनत से व्यवसाय सँभालना, हिसाब-किताब रखना शुरू कर दिया और थोड़े ही समय में बेचने की कला में निपुण हो गया। हम साथ ही रहते और खाते-पीते थे। वह मेरे पिता की तरह मुझे सलाह दिया करता था और मेरे प्रति उसके मन में सम्मान की भावना थी। मैं भी उसका आदर करता था और उसे बहुत पसंद करता था। लेकिन फरवरी 1726-27 में, जब मैंने अपने 21 साल पूरे किए ही थे, हम दोनों बीमार पड़ गए। मुझे पलुअरसि की बीमारी थी, जिससे मैं बहुत ज्यादा पीड़ित था। जब मैं उस बीमारी से ठीक हो रहा था तो मुझे काफी अफसोस हो रहा था कि अब मुझे पुनः कभी-न-कभी अपना काम (जो अब मुझे पसंद नहीं था) फिर से शुरू करना पड़ेगा। मुझे यह याद नहीं है कि उसकी बीमारी क्या थी, लेकिन वह बहुत समय तक

उससे पीड़ित रहा। उसने एक छोटी सी वसीयत मेरे नाम छोड़ी और एक बार पुनः मुझे खुली दुनिया में छोड़ दिया गया। उसकी दुकान उसके कर्मचारी चला रहे थे और उसके यहाँ मेरा रोजगार अब खत्म हो गया था।

होम्स (मेरा ब्रदर-इन-लॉ), जो इस समय फिलाडेल्फिया में था, ने मुझे फिर से अपनी मुद्रण की नौकरी शुरू करने की सलाह दी। कीमर ने भी ज्यादा तनख्वाह पर मुझे अपने मुद्रणालय का प्रबंधन सँभालने का प्रस्ताव रखा, ताकि वह अपनी स्टेशनरी की दुकान सँभाल सके। मैंने लंदन में उसकी पत्नी से उसके बुरे चरित्र के विषय में सुन रखा था। इसलिए अब मुझे उसके साथ आगे संबंध रखने का मन नहीं था। मैंने एक व्यापारी के मुनीम के रूप में अपना अगला रोजगार पाने की सोची, जो मुझे तुरंत कहीं नहीं मिल सका। मैं फिर से कीमर के नजदीक आ गया। उसके मुद्रणालय में मुझे तकरीबन सभी अकुशल कर्मचारी मिले। हफ मेरेडिच, स्टीफन पॉट्स, जॉन, जॉर्ज वेब और डेविड हैरी। ये सभी बहुत कम तनख्वाह पर काम कर रहे थे। मेरेडिच मुद्रण में काम करता था, पॉट्स बुक बाइंडिंग, जॉन मुद्रण का काम सीख रहा था, जॉर्ज वेब कंपोजिटर प्रशिक्षु एवं डेविड हैरी प्रशिक्षु था।

मुझे यह समझते देर नहीं लगी कि वह क्यों मुझे इतना ज्यादा वेतन देने के लिए तैयार है। वह इन सस्ते गँवार, नौसिखिया कर्मचारियों को मुझसे प्रशिक्षित कराना चाहता था और उनके प्रशिक्षित होते ही वह मेरे बिना अपना काम चला सकता था। फिर भी, मैं बड़ी खुशी से वहाँ काम में जुट गया। उसका मुद्रणालय, जो अभी तक अस्त-व्यस्त था, उसे सही क्रम में स्थापित किया और उसके कर्मचारियों को संबंधित कामों में लगाकर बेहतर काम कराना प्रारंभ किया।

जॉर्ज वेब ऑक्सफोर्ड से पढ़ा-लिखा था, जिसका चार साल का समय कीमर ने खरीद रखा था। इस पढ़े-लिखे व्यक्ति को खरीदे हुए नौकर के रूप में देखकर बड़ा अटपटा लगा। उसकी उम्र 18 साल से ज्यादा नहीं थी। उसने मुझे अपने विषय में बतलाया कि वह ग्लोसेस्टर में जनमा था, वहीं ग्रामर स्कूल में उसकी शिक्षा हुई थी। विद्यार्थियों के बीच उसका विशिष्ट स्थान था, विशेषकर नाटकों में वह अपनी भूमिका औरों से श्रेष्ठतर निभाता था। वह

वहाँ के विटी क्लब से भी जुड़ा था। उसने कुछ कविताएँ एवं गद्य लेख भी लिखे थे, जो ग्लोसेस्टर समाचार-पत्रों में प्रकाशित भी हो चुके थे। वहाँ से उसे ऑक्सफोर्ड भेज दिया गया था, जहाँ उसने लगातार एक साल तक अध्ययन किया, लेकिन पूरी तरह संतुष्ट नहीं था। वह लंदन आकर रंगमंच का खिलाड़ी बनना चाहता था। लंदन में वह बुरी सोहबत में पड़ गया। उसके पैसे खर्च हो चुके थे कपड़े तक उसने गिरवी रख दिए थे और रोटी के लिए मोहताज था। सड़क पर जब वह भूखा घूम रहा था, तभी उसे किसी ने अमेरिका जाकर काम करने का प्रस्ताव दिया। उसने सीधे जाकर इकरारनामे पर हस्ताक्षर कर दिए, जहाज पर चढ़ा और यहाँ आ गया। उसने अपने मित्रों को पत्र लिखकर अपनी दशा से कभी परिचित नहीं कराया। वह चंचल, विनोदप्रिय, अच्छे स्वभाव का और एक अच्छा साथी था; लेकिन बहुत ज्यादा आलसी, विचारहीन और अशिष्ट था।

जॉन जो कि आयरलैंड का रहनेवाला था, भाग गया। बाकी सभी के साथ मैं मेल-जोल बनाकर रहने लगा; क्योंकि वे सभी मेरा सम्मान कीमर से ज्यादा करते थे। वह उन्हें सही निर्देश भी नहीं दे पाता था। और मुझसे वे प्रतिदिन कुछ नया सीखते थे। हम शनिवार को काम नहीं करते थे, क्योंकि वह कीमर के सैबाथ का दिन होता था। इस तरह मुझे दो दिन अध्ययन करने के लिए मिल जाते थे। पढ़े-लिखे प्रतिष्ठित लोगों से मेरा परिचय शहर में बढ़ने लगा। स्वयं कीमर मुझसे बड़े अदब और सम्मान से पेश आता था। वरनॉन के पैसे के अलावा मैं किसी और बात से परेशान नहीं था। इसे मैं अभी तक चुका नहीं पाया था। हालाँकि उसने अभी तक इसकी माँग भी नहीं की थी। हमारे मुद्रणालय में किसी-न-किसी चीज की कमी बनी रहती थी। अमेरिका में कोई अक्षर ढालनेवाला नहीं था। मैंने जेम्स मुद्रणालय (लंदन) में टाइप कॉस्ट का कार्य देखा था किंतु उसके तरीके पर मैंने ज्यादा ध्यान नहीं दिया था। फिर भी, मैंने एक साँचा तैयार किया और अक्षरों के टाइप कास्ट तैयार किए। इसी तरह मुद्रणालय से संबंधित अन्य कार्य भी मैं कर लिया करता था, जैसे स्याही तैयार करना इत्यादि।

लेकिन इतना काम का व्यक्ति होने के बावजूद मैंने पाया कि मेरी सेवा

दिन-प्रतिदिन कम महत्त्व की होती जा रही थी। इसकी एक प्रमुख वजह यह थी कि दूसरे कामगारों के कार्यों में सुधार आना शुरू हो गया था। जब कीमर ने मुझे दूसरे सप्ताह का वेतन दिया तो उसने मुझे यह महसूस करा दिया कि यह उसे बहुत ज्यादा लगता था और वह इसमें कटौती करना चाहता था। मेरे प्रति उसका रवैया बदलने लगा। अब वह मुझसे मालिकाना रोब से पेश आता, मेरे कामों में कमियाँ निकालता और झगड़ा करने के लिए हर समय तैयार-सा लगता। किंतु मैं सब्र से काम लेता रहा। मैंने यह सोच लिया कि शायद उसकी प्रतिकूल परिस्थितियों की वजह से उसका रवैया इस तरह का है। एक दिन एक छोटे से विवाद से हमारे संबंध टूट गए। नजदीक ही कोर्ट हाउस के पास भारी शोर-शराबा हो रहा था, जिसे देखने के लिए मैंने अपना सिर खिड़की से बाहर निकाला। उस समय कीमर सड़क पर था। उसने ऊपर देखा और मुझे देख लिया। उसने खिसियाहट भरी तेज आवाज में मुझे डाँटा और अपना काम करने के लिए कहा। मुद्रणालय के दूसरे लोगों (जो बाहर देख रहे थे) ने मेरा अपमान होते हुए देखा। कीमर तब तक मुद्रणालय में ऊपर आ गया और उसने अनाप-शनाप बकना जारी रखा। मैंने भी उसे जवाब में कुछ-कुछ बक दिया और उसने मुझे एक सप्ताह में अपना विकल्प तलाश लेने की चेतावनी दे दी। मैंने तुरंत ही अपना हैट उठाया और मुद्रणालय से बाहर निकल गया। जाते-जाते मेरेडिथ से सामना होने पर मैंने उसे मुद्रणालय से अपना कुछ सामान घर लाने के लिए कहा।

शाम को मेरेडिथ घर आया। हमने जो कुछ हुआ था, उस पर चर्चा की। उसके मन में मेरे लिए काफी सम्मान पैदा हो गया था। वह इस तरह से मेरे मुद्रणालय छोड़कर जाने से दुखी था। मैं स्वदेश लौटने की सोच रहा था, किंतु उसने मुझे ऐसा न करने के लिए समझाया। उसने कहा कि कीमर कर्ज तले दबा हुआ था। उसके लेनदार उसे तंग कर रहे थे का उसकी दुकान का भी बुरा हाल था और उसे बिना लाभ के तथा हिसाब-किताब के वस्तुओं को बेचना पड़ रहा था। इन कारणों से शीघ्र ही उसके व्यावसायिक पतन की संभावना थी, जिसका फायदा हम उठा सकते थे। मैंने उसे अपनी कमजोर आर्थिक स्थिति का हवाला देकर इस बात पर असहमति जताई। तब उसने बताया कि

उसके पिता मुझे एक अच्छा इनसान समझते थे और एक बार कभी जब मेरेडिथ की उनसे चर्चा हुई थी तो वे मुझसे व्यवसाय में सहभागिता हेतु तैयार थे। उसने कहा, "कीमर के मुद्रणालय से मेरा समय वसंत ऋतु तक समाप्त हो चुका होगा, तब तक हम अपने मुद्रण यंत्र और टाइप लंदन से ले आएँगे। तुम्हारी व्यावसायिक कुशलता और मेरी पूँजी से हमारा व्यवसाय प्रारंभ हो जाएगा। इसके फायदे में हम बराबर के हिस्सेदार रहेंगे।"

यह प्रस्ताव स्वीकारणीय था और मैंने हामी भर दी। उसके पिता ने भी इस पर अपनी स्वीकृति दे दी। जब उसने अपने बेटे पर मेरे प्रभाव को देखा तो उसने मुझे उसकी शराब की लत छुड़वाने के लिए कहा। उसे विश्वास था कि मेरी संगति में वह इस बुरी लत को पूरी तरह से छोड़ देगा। मैंने उसके पिता को आवश्यक वस्तुओं की सूची सौंपी, जिसे लेकर वे एक व्यापारी के पास पहुँचे और वे वस्तुएँ भेज दी गईं, जिसके पहुँचने तक इस बात को गुप्त रखा जाना था। इस बीच मुझे मुद्रणालय में काम खोजना था। लेकिन वहाँ जगह खाली नहीं थी, इसलिए कुछ दिनों तक मैं बेकार ही रहा। इस बीच कीमर को न्यूजर्सी में कुछ पेपर मनी को मुद्रित करने का काम मिलने की संभावना थी। इस काम में कई तकनीकी गुणों की आवश्यकता थी, जिसे मैं पूरी कर सकता था। उसे डर था कि ब्रेडफोर्ड मेरी मदद से यह काम कर सकता है और काम उसके हाथ से निकल न जाए, इसलिए उसने बड़ी विनम्रता के साथ मुझे एक संदेश भेजा, जिसमें उसने कहा था कि छोटी सी बात पर पुराने मित्रों को इस तरह से नाराज होकर एक-दूसरे से अलग नहीं हो जाना चाहिए। उसने मुझसे लौटकर आने की उम्मीद भी जताई थी। मेरेडिथ ने इस प्रस्ताव को स्वीकार करने के लिए मुझे कहा, क्योंकि इससे उसे मेरे दिशा-निर्देश में काफी कुछ और सुधार करने का मौका मिलेगा। न्यूजर्सी की पेपर मनी मुद्रित करने का काम उसे मिल गया। इसके लिए मैंने तांबे की प्लेट का सबसे पहला मुद्रण यंत्र तैयार किया। मुद्रण यंत्र के शेष कार्य को पूरा करने के लिए हम बर्लिंगटन गए। इस काम से कीमर की जमकर कमाई हुई। उसने अपनी सभी आर्थिक परेशानियों से छुटकारा पा लिया।

बर्लिंगटन में मेरा परिचय कुछ खास लोगों के साथ हुआ। उनमें से

अधिकतर असेंबली द्वारा यह नजर रखने के लिए नियुक्त किए गए थे कि कहीं कानूनी तौर पर जारी निर्देश से अधिक के नोट न छापे जाएँ। इसलिए वे लोग बारी-बारी से हमारे संपर्क में रहे। सामान्यत: जब जिसकी बारी होती, वह अपने साथ एक या दो मित्रों को साथ देने के लिए पास रखता था। मेरा दिमाग अध्ययन के कारण काफी विकसित हो चुका था। इस वजह से मेरी बातचीत में भी काफी निखार आ गया था। वे मुझे अपने घरों में ले जाते, अपने मित्रों से मुझे मिलवाते और मुझसे बड़े अदब से पेश आते। जबकि कीमर मालिक होने के बाद भी थोड़ा उपेक्षित ही रहता था। वस्तुत: वह एक विचित्र इनसान था, जिसे आम जीवन के विषय में ज्यादा जानकारी नहीं थी। जो भी बातें उससे की जातीं वह बड़ी रुखाई से उनका विरोध किया करता। उसे कुछ धार्मिक मुद्दों में रुचि थी।

हम लगभग तीन महीने लगातार वहाँ रहे। तब तक मेरे वहाँ कई खास मित्र बन चुके थे—जज एलेन, सैमुअल बस्टिल (सेक्रेटरी ऑफ द प्रॉविंस), आइजक पियर्सन, जोसफ कूपर एवं समिति के कई अन्य सदस्य और आइजक डिकाऊ (महासर्वेक्षक), जो कि एक चालाक वृद्ध व्यक्ति था। उसने स्वयं के विषय में मुझे बताया कि बचपन से उसने स्वयं ही अपनी जिम्मेदारी सँभाली। वह ईंट बनाने वालों के लिए हाथ से खींचनेवाली गाड़ी में मिट्टी ढोकर लाता था। बड़ा होकर उसने लिखना सीखा। वह सर्वेक्षकों के लिए जंजीर लेकर चलता था और उनसे सर्वेक्षण कार्य सीखा। और इस उद्यम से तब तक एक बड़ी मिल्कियत तैयार की। उसने कहा, "मेरा अनुमान है कि शीघ्र ही तुम इस आदमी (कीमर) को व्यवसाय में पछाड़ दोगे और इस व्यवसाय से फिलाडेल्फ़िया में अपनी किस्मत चमकाओगे।" तब तक उसे मेरे वहाँ या अन्य कहीं मुद्रणालय स्थापित करने के इरादे की जानकारी नहीं थी। ये सभी मित्र आगे चलकर मेरे लिए काफी सहायक सिद्ध हुए। उन्होंने जीवनपर्यंत मेरा सम्मान किया।

व्यवसाय में अपनी सार्वजनिक उपस्थिति के पूर्व मैं आपको अपने सिद्धांतों एवं नैतिकताओं से संबंधित अपनी मानसिक अवस्था के विषय में बतलाना जरूरी समझता हूँ, ताकि आपको मालूम हो सके कि उन्होंने कहाँ

तक मेरे जीवन में भविष्य की घटनाओं को प्रभावित किया। मेरे माता-पिता ने प्रारंभ में मुझे धार्मिक संस्कारों में ढाला था और मेरी बाल्यावस्था में पवित्र रूप से निषेधात्मक तरीके से मुझे आगे बढ़ाया। लेकिन तब मैं मुश्किल से 15 साल का था जब मैंने कई पुस्तकों, जिन्हें मैंने पढ़ा, में उन्हें विवादास्पद पाया और मैं प्रकटीकरण (रिवीलेशन) पर ही संदेह करने लगा। डेईस्म से संबंधित कुछ किताबें मेरे हाथ लगीं, जिन्हें 'बायलेज लेक्चर्स' में दिए गए प्रवचनों का सारतत्त्व कहा जाता है। इनका मुझ पर कुछ ऐसा विपरीत प्रभाव पड़ा कि डेईस्ट के तर्क, जिन्हें खंडन के तौर पर उद्धृत किया गया था, मुझे खंडन की अपेक्षा काफी दमदार महसूस हुए। संक्षेप में, मैं पूर्णतः डेईस्ट बन गया। मेरे तर्कों से कुछ दूसरे लोग भी प्रभावित हुए, विशेषकर कॉलिंस और रॉल्फ, जिनमें से प्रत्येक ने बाद में मुझे बेझिझक गलत साबित कर दिया। मेरे प्रति कीथ (जो कि एक अन्य स्वतंत्र विचारक था) के आचरण और मेरे अपने आचरण को वनेन और मिस रीड के आचरण से जोड़ा, जिससे मुझे कभी-कभी बहुत कष्ट हुआ। मुझे यह संदेह होने लगा कि यह सिद्धांत, जो कि हालाँकि सही हो सकता है, बहुत उपयोगी नहीं था। ईश्वर के गुणों, उसकी अनंत बुद्धिमत्ता, अच्छाई और शक्ति से मैंने यह निष्कर्ष निकाला कि संसार में संभवतः कुछ भी गलत नहीं हो सकता है और पाप एवं पुण्य खोखले भेद मात्र हैं। मुझे यकीन हो गया कि सत्य, निष्ठा और ईमानदारी मानवीय व्यवहारों में जीवन में सर्वाधिक महत्त्वपूर्ण हैं। और मैंने लिखित तौर पर जीवनपर्यंत उनका निर्वाह करने का फैसला किया। रिवीलेशन (प्रकटीकरण)का मेरे जीवन में वस्तुतः कोई खास प्रभाव नहीं था। किंतु मैंने एक धारणा को माना कि यद्यपि कुछ कर्म इसके द्वारा निषिद्ध होने से बुरे और समर्थित होने से अच्छे नहीं हो सकते; फिर भी उन्हें इसलिए निषिद्ध किया गया है, क्योंकि वे हमारे लिए बुरे हो सकते हैं और इसलिए समर्थित किया गया है, क्योंकि वे हमारे लिए अपनी प्रकृति के अनुसार लाभदायक हो सकते हैं। और ईश्वर की कृपा से इसी अनुकरण द्वारा युवावस्था के खतरनाक दौर से अपरिचितों के बीच कभी-कभार उत्पन्न हो जाने वाली अनिष्टकारी स्थितियों

से अपने पिता की नजरों एवं उनकी सलाहों के अभाव से मेरी रक्षा होती रही।

हमारे फिलाडेल्फिया पहुँचने के काफी पूर्व लंदन से नए मुद्रण यंत्र आ गए। इसके पूर्व कीमर को इस विषय में कोई जानकारी होती, हमने उससे अपने लेन-देन का निपटारा कर लिया। हमने बाजार में एक मकान किराए पर ले लिया। हमने अभी अपने अक्षर टाइप खोलकर मुद्रण पर व्यवस्थित ढंग से रखा भी नहीं था कि मेरा एक परिचित जॉर्ज हाउस एक ग्रामीण व्यक्ति को मेरे पास लेकर आया, जिसे उसने सड़क पर किसी मुद्रणालय के विषय में पूछते हुए पाया था। उस ग्रामीण से हमने 5 शिलिंग कमाए, जो कि हमारी प्रारंभिक कमाई थी और जिससे मुझे इतनी खुशी मिली जो उसके बाद मिलनेवाली किसी उपलब्धि से हासिल नहीं हुई।

हर जगह ऐसी बातें करनेवाले लोग रहते हैं, जो किसी भी तथ्य के नकारात्मक पहलू को ही देखते हैं। ऐसा ही एक व्यक्ति तब फिलाडेल्फिया में रहता था। उसका नाम सैमुअल मिकल था। यह व्यक्ति, जो कि अभी मेरे लिए अपरिचित ही था, एक दिन मेरे दरवाजे पर आकर रुका और मुझसे पूछा, "क्या मैं वही युवा व्यक्ति हूँ, जिसने हाल ही में एक मुद्रणालय शुरू किया है?" हाँ में उत्तर पाकर उसने कहा कि यह काफी खेदजनक है, क्योंकि यह अत्यधिक खर्चीला कारोबार है और खर्च किया हुआ पैसा डूब जाता है। उसने फिलाडेल्फिया को व्यावसायिक रूप से पतनशील बताते हुए कहा कि वहाँ के लोग पहले से ही आधे दिवालिया थे। वहाँ भवनों के किराए बढ़ रहे थे। उसके अनुसार ये ऐसे कुछ लक्षण थे, जो हमें बरबाद कर सकते थे।

उसने वर्तमान में अस्तित्ववान् एवं शीघ्र-आगामी दुर्भाग्य का ऐसा कच्चा चिट्ठा पेश किया, जिसने मुझे उदास करके रख दिया। यदि मुझे पहले मालूम हो गया होता कि ये समस्याएँ आने वाली हैं तो मैंने शायद कभी भी यह काम नहीं किया होता। यह शख्स लगातार इस पतनशील स्थान में रह रहा था, किंतु अपने इन्हीं नकारात्मक विचारों की वजह से उसने अपने लिए एक मकान भी नहीं खरीदा था। आखिरकार सबकुछ विनाश की तरफ जो बढ़ रहा था। और

अंततः उसने एक मकान खरीद ही लिया, जिसके लिए उसे उस कीमत का पाँच गुना अधिक भुगतान करना पड़ा, जब उसने मकान खरीदने को लेकर नकारात्मक बातें करनी शुरू की थीं।

मुझे यह बात पहले ही चर्चा में ले आनी थी कि पिछले वर्ष की शीत ऋतु के दौरान मैंने अपने सच्चे परिचितों को जोड़कर एक क्लब (जंटो) का रूप दे दिया था। हम हर शुक्रवार की शाम को मिला करते थे। मेरे बनाए हुए नियमों के मुताबिक प्रत्येक सदस्य अपनी बारी में नैतिक शास्त्र, राजनीति-शास्त्र या प्राकृतिक दर्शन से संबंधित एक या अधिक सवाल करेगा, जिस पर सामूहिक चर्चा होगी। और तीन महीने में एक बार प्रत्येक सदस्य अपनी बारी में किसी भी विषय पर स्वलिखित निबंध को प्रस्तुत कर उसका पाठन करेगा। हमारे तर्क-वितर्क एक अध्यक्ष (प्रेसीडेंट) के दिशा-निर्देश के तहत होंगे, जिसमें सत्य की तह तक पहुँचने का उद्देश्य ही अंतिम होगा। यह क्लब लगभग 40 वर्षों तक जारी रहा और दर्शन, राजनीति और नैतिकता की सर्वोत्तम संस्था माना जाता था।

इस विवरण को प्रस्तुत करने के पीछे मेरा उद्देश्य यह भी बताने का है कि इससे मेरा व्यावसायिक हित भी पूरा होना शुरू हो गया। लगभग प्रत्येक सदस्य हमें काम दिलाने का भरसक प्रयास करता। खासकर ब्रींटल ने क्वेकर्स से हमें इतिहास के 40 पन्नों के मुद्रण का काम दिलवाया। मैं प्रतिदिन एक पन्ना लिखा करता, जिसका मुद्रण मेरेडिथ किया करता था। सामान्यतः हम रात 11 बजे तक या उससे भी अधिक समय तक काम में लगे रहते थे।

इसी दौरान जॉर्ज वेब हमारे साथ काम करने की इच्छा से आया। उसे उसकी एक महिला मित्र ने कीमर से उसके दीर्घकालीन अनुबंधित कर्मचारी की हैसियत से अलग करने में मदद की थी। किंतु तब हम उसे काम पर नहीं रख सके। लेकिन मूर्खतावश मैंने उसे अपना एक समाचार-पत्र प्रारंभ करने की गोपनीय जानकारी यह कहकर दे डाली कि इसके शुरू होते ही हम उसे काम पर रख लेंगे। मैंने उसे यह भी बताया कि मेरी सफलता 100 फीसदी तय है, क्योंकि ब्रेडफोर्ड द्वारा प्रकाशित समाचार-पत्र ही एक मात्र समाचार-पत्र है, जो न ही मनोरंजक है और न ही उसका प्रबंधन सही है। फिर भी यह

उसके लिए फायदेमंद है। मैंने जॉर्ज वेब से इसकी चर्चा किसी से न करने को कहा। लेकिन उसने यह बात कीमर को बतला दी, जिसने शीघ्र ही मुझसे पहले एक ऐसे ही समाचार-पत्र के प्रकाशन का प्रस्ताव प्रकाशित करा दिया। जॉर्ज वेब को इसमें काम मिलना तय हो गया। इससे मुझे बहुत खिन्नता हुई। चूँकि मैं अपना समाचार-पत्र प्रारंभ नहीं कर पाया था, इसलिए मैंने ब्रेडफोर्ड के समाचार-पत्र में बिजी बॉडी शीर्षक से अनेक मनोरंजक लेख लिखे। इससे लोगों का ध्यान उस समाचार-पत्र की ओर खिंचा रहा और कीमर के प्रस्ताव अमान्य होकर रह गए।

हालाँकि इसके बावजूद कीमर ने समाचार-पत्र का प्रकाशन प्रारंभ किया, लेकिन कुछ महीनों के पश्चात् अपर्याप्त पाठक संख्या होने के कारण उसने बहुत कम कीमत पर ही उसे मुझे सौंप दिया। मैंने उसे कुछ ही वर्षों के पश्चात् एक लाभदायक व्यवसाय में परिणत कर दिया।

मुझे इस बात का आभास है कि साझेदारी में व्यवसाय करते हुए भी मैं अकेले श्रेय ले रहा हूँ। इसकी वजह यह है कि व्यवसाय के संपूर्ण प्रबंधन की जिम्मेदारी मुझ पर ही थी। मेरेडिथ तो कंपोजिटर भी नहीं था। वह एक अकुशल प्रेस कर्मी था। मेरे मित्र तो उसके साथ मेरे व्यावसायिक संबंध के खिलाफ थे, किंतु मैंने उसका साथ बतौर साझेदार जारी रखा।

लेकिन तभी एक और परेशानी मेरे सामने आकर खड़ी हो गई, जिसकी मुझे कभी भी कोई कल्पना नहीं थी। मेरेडिथ के पिता, जिन्हें हमारे मुद्रणालय की रकम चुकानी थी, मात्र 100 पौंड ही भुगतान कर पाए। शेष 100 पौंड की रकम मर्चेंट को भुगतान की जानी थी। लेकिन मर्चेंट ज्यादा इंतजार न कर सका और उसने हम सभी पर मुकदमा कर दिया। और हमें इस शर्त पर जमानत मिली कि यदि समय पर पैसा नहीं दिया गया तो मुकदमे की कार्रवाई पुनः प्रारंभ हो जाएगी और भुगतान हेतु मुद्रणालय के मुद्रण यंत्र को बेच दिए जाने के साथ ही हमारी उम्मीदें समाप्त हो जाएँगी।

इस आड़े वक्त में मेरे दो सच्चे मित्र (जो एक-दूसरे से अपरिचित थे) अलग-अलग मेरी सहायता करने के लिए पहुँचे। इनका एहसान मैंने न तो कभी भुलाया है और न ही भविष्य में कभी भुला सकूँगा। हालाँकि मैंने उनसे

मदद के लिए कोई गुजारिश नहीं की थी, फिर भी दोनों इस बात के लिए तैयार थे कि मुझे मुद्रणालय का मालिकाना हक दिलाने के लिए जितनी रकम की आवश्यकता थी, वे देंगे। साथ ही वे मुझे और मेरेडिथ को साझेदार भी नहीं बने रहने देना चाहते थे, क्योंकि उसे उन्होंने प्राय: सड़कों पर नशे की हालत में पड़े हुए और जुए के अड्‌डे पर जुआ खेलते हुए पाया था। वे दोनों मित्र थे—विलियम कोलमैन और रॉबर्ट ग्रेस। मैंने उन्हें बताया कि हालाँकि मैं उनसे अलग नहीं होना चाहता, किंतु यदि वे अपनी हिस्सेदारी निभाने में अपनी असक्षमता स्वीकार कर लें तो मैं उनकी सहायता लेने के लिए विचार कर सकता था।

इस तरह यह बात कुछ समय के लिए स्थगित हो गई। मैंने अपने साझेदार से कहा, ''शायद तुम्हारे पिता हमारी साझेदारी में तुम्हारी भूमिका से असंतुष्ट हैं और आगे तुम्हारा साथ देने के लिए तैयार नहीं हैं। यदि यही बात है तो मैं पूरा व्यवसाय तुम पर छोड़कर अपना काम-धंधा करने के लिए तैयार हूँ।'' उसने कहा, ''नहीं, मेरे पिता सचमुच निराश रहे हैं और वास्तव में अक्षम हैं। मैं उन्हें ज्यादा परेशान नहीं देखना चाहता। मैं जानता हूँ कि यह एक ऐसा व्यवसाय है, जिसके योग्य मैं नहीं हूँ। मैं बतौर किसान पला-बढ़ा था। शहर आकर एक नए व्यवसाय में 30 साल की उम्र तक प्रशिक्षु के रूप में टिके रहना मेरी मूर्खता थी। यदि तुम कंपनी की लेनदारियों के भुगतान की जिम्मेदारी स्वयं पर लेते हो और मेरे पिता द्वारा इसमें विनियोग किए गए 100 पौंड लौटाने के लिए तैयार होते हो, साथ ही मुझे 30 पौंड भी देते हो तो मैं यह सबकुछ छोड़कर साझेदारी से अलग होने के लिए तैयार हूँ।'' मैं उसके प्रस्ताव से सहमत हो गया। कागजात तैयार किए गए, हस्ताक्षर किए गए और मुहर लगा दी गई।

मैंने दोनों मित्रों से कंपनी के कुल कर्ज के भुगतान हेतु आधी-आधी रकम ले ली और अपने नाम से व्यवसाय जारी रखा। मैंने साझेदारी का अंत होने का इश्तेहार भी दे दिया। मेरा खयाल है कि यह सब वर्ष 1729 या इसके आस-पास की घटना है।

इसी समय लोगों के बीच ज्यादा कागजी मुद्रा की माँग जोरों पर थी। इस

सूबे में लगभग 15,000 पौंड कागजी मुद्रा चलन में थी। धनी नागरिक इसमें किसी भी प्रकार की बढ़ोतरी के खिलाफ थे। वे तो कागजी मुद्रा के ही खिलाफ थे, क्योंकि न्यू इंग्लैंड की तरह इसमें अवमूल्यन संभव था। हमने इस बात की चर्चा अपने क्लब (जुंटो) में की। मैंने इसकी बढ़ोतरी के पक्ष में अपनी बात रखी। हमारे तर्क-वितर्क के पश्चात् मैंने एक गुमनाम पैंफलेट 'द नेचर एंड नेसेसिटी ऑफ पेपर मनी' शीर्षक से प्रकाशित कराया। यह आम लोगों में काफी पढ़ा और सराहा गया। लेकिन धनाढ्य लोगों द्वारा इसे नापसंद कर दिया गया। दुर्भाग्यवश उनकी बातों को प्रकाशित करनेवाला कोई लेखक नहीं था। उनका विरोध ढीला पड़ने लगा और इस मुद्दे को सदन में बहुमत से ले जाया गया। मेरे मित्रों के माध्यम से मुद्रा के मुद्रण के काम का तोहफा मुझे मिल गया, जो कि एक लाभदायक काम था। अपनी लेखन क्षमता की वजह से मुझे प्राप्त होनेवाला यह दूसरा फायदा था।

इस कागजी मुद्रा के मुद्रण के शीघ्र बाद अपने मित्र हैमिल्टन की मदद से मुझे न्यूकासल की कागजी मुद्रा के मुद्रण का कार्य प्राप्त हुआ। उसने मुझे कानूनों एवं सरकार के मतों को छापने का काम भी दिलवाया, जो मेरे इस व्यवसाय में रहने तक जारी रहा।

अब मैंने एक छोटी स्टेशनरी की दुकान शुरू कर दी। इसमें मैंने सभी प्रकार के खाके (ब्लैंक्स), कागज, भोजपत्र, चैपमेन की पुस्तकें इत्यादि रखीं। लंदन में मेरा एक परिचित कंपोजिटर व्हाइटमेश, जो कि एक अच्छा कामगार था, मेरे साथ काम करने के लिए आ गया। उसने लगातार, परिश्रमपूर्वक मेरे साथ काम किया। मैंने एक प्रशिक्षु भी रख लिया।

अब मैंने मुद्रणालय के स्वामित्व हस्तांतरण हेतु लिये गए कर्ज को चुकाना प्रारंभ किया। एक व्यवसायी के रूप में अपनी साख और चरित्र को बरकरार रखने के लिए मैंने सचमुच ही मेहनती और मितव्ययी रहने पर ध्यान दिया। मैं सामान्य पोशाकें पहनता था और व्यर्थ के स्थलों पर कभी नहीं जाता था। मैं कभी भी मछली मारने एवं निशानेबाजी करने नहीं गया। कभी-कभी किसी पुस्तक में खो जाने की वजह से मैं अपने काम से अलग हो जाया करता था। लेकिन ऐसा बहुत कम ही होता था। और यह दिखाने के लिए कि मैं

अपने काम से बढ़कर नहीं हूँ, कभी-कभार हाथ के ठेले पर रखकर दुकानों से कागज ले आया करता था। इस तरह मुझे एक मेहनती, उन्नतिशील युवा पुरुष के रूप में जाना जाने लगा। अपनी क्रय की गई व्यावसायिक वस्तुओं का समय पर भुगतान करने के कारण स्टेशनरी का आयात करनेवाले व्यापारी सामान खरीदने के लिए मुझसे गुजारिश किया करते। इस तरह मैं बड़े आराम से आगे बढ़ता रहा। इसी बीच कीमर की साख और व्यवसाय प्रतिदिन पतन की ओर अग्रसर थे। अंततः लेनदारों का भुगतान करने के लिए उसे अपने मुद्रणालय को बेचने पर बाध्य होना पड़ा। वह बारबाडोस चला गया, जहाँ उसने कई वर्ष विपरीत परिस्थितियों में गुजारे।

कीमर के एक प्रशिक्षु डेविड हैरी (जिसे वहाँ काम करने के दौरान मैंने काम सिखाया था) ने फिलाडेल्फिया में उसके स्थान पर उससे (कीमर से) सामान खरीदकर अपना मुद्रणालय स्थापित कर लिया। शुरू में मुझे हैरी एक सशक्त व्यावसायिक प्रतिद्वंद्वी लगा, क्योंकि उसके साथ काम करनेवाले मित्र काफी योग्य और लगनशील थे। इसलिए मैंने उसके सामने साझेदारी का प्रस्ताव रखा; किंतु सौभाग्यवश उसने इसे अस्वीकार कर दिया। वह अत्यधिक घमंडी, सौम्यतापूर्वक पोशाक धारण करनेवाला, खर्चीला, आमोद-प्रमोद में जुटा रहनेवाला एवं अपने व्यवसाय को ताक पर रखनेवाला व्यक्ति था। इन्हीं वजहों से उसका व्यवसाय जाता रहा। वह बेकार हो चुका था और जब उसे कुछ नजर नहीं आया तो वह भी कीमर की तरह बारबाडोस चला गया। वह अपना मुद्रण व्यवसाय भी साथ लेता गया। वहाँ जाकर उसने कीमर को नौकरी पर रख लिया, जिसके यहाँ वह स्वयं कभी नौकर था। दोनों में प्रायः तू-तू, मैं-मैं होती रहती थी। बाद में डेविड हैरी भी अपने मुद्रणालय को बेचकर अपने पुश्तैनी स्थान पेंसिल्वेनिया लौट गया। जिस व्यक्ति ने यह मुद्रणालय खरीदा था, उसने कीमर को काम पर रख लिया; किंतु कुछ समय के बाद उसकी मृत्यु हो गई। अब फिलाडेल्फिया में बूढ़े ब्रेडफोर्ड के अलावा मेरा कोई भी प्रतियोगी नहीं रह गया था। वह कभी-कभार थोड़ा-बहुत मुद्रण कार्य कर लेता था। लेकिन वह व्यवसाय की ज्यादा फिक्र नहीं करता था। फिर भी उसके पास डाकघर का काम था, इसलिए यही सोचा जाता था कि

उसे समाचारों के मिलने की ज्यादा संभावना है। उसका अखबार मेरे अखबार की अपेक्षा विज्ञापन का बेहतर वितरक माना जाता था, जो कि उसके लिए काफी लाभप्रद था।

अब तक मैं लगातार गॉडफ्रे के साथ रहता रहा। वह मेरे घर के एक हिस्से में अपने बीवी-बच्चों के साथ रहता था और दुकान का एक भाग उसने अपने ग्लेजियर व्यवसाय के लिए रखा था। गणित में खोए रहने के कारण वह थोड़ा ही काम कर पाता था। मिसेज गॉडफ्रे ने अपनी रिश्तेदारी में ही एक लड़की से मेरे विवाह की बात उठाई। वह हमें मिलाने के लिए अकसर अवसर निकाल लेती थी। धीरे से मेरी ओर से प्रेम प्रसंग शुरू हो गया। चूँकि लड़की भी योग्य थी। मुझे बार-बार भोजन पर बुलाकर और हमें अकेला छोड़कर प्रोत्साहित किया जाता रहा। मिसेज गॉडफ्रे ने हमारी मध्यस्थता की। मैंने उसे बता दिया कि लड़की के माँ-बाप से मुझे इतना पैसा प्राप्त करने की उम्मीद है, जिससे मैं मुद्रणालय के बचे हुए कर्ज का भुगतान कर सकूँ, जो कि मेरा विश्वास है 100 पौंड से ज्यादा नहीं रहा होगा। मिसेज गॉडफ्रे ने मुझे उनका संदेश सुनाया कि उनके पास इतना पैसा नहीं है। मैंने उन्हें अपना मकान बैंक (लोन ऑफिस) में गिरवी रखने की सलाह दी। इसके प्रत्युत्तर में कुछ दिनों के बाद उन्होंने यह रिश्ता मंजूर न होने की बात कह दी। उन्होंने यह भी कहा कि ब्रेडफोर्ड से पूछताछ करने पर उन्हें मालूम हुआ कि मुद्रण व्यवसाय फायदेमंद नहीं है। इस तरह मेरे उनके घर जाने पर पाबंदी लगा दी गई और लड़की को मुझसे दूर रखा गया। आगे चलकर मिसेज गॉडफ्रे ने उनकी ओर से कुछ और प्रस्ताव दिए, लेकिन मैंने उस परिवार से कोई सरोकार न रखने की ठान रखी थी। इससे नाराज होकर ग्रॉडफ्रे दंपती मकान छोड़कर चले गए।

लेकिन इस मामले के बाद मेरा मन विवाह के लिए उत्सुक रहने लगा। मैंने स्वयं परिचितों के माध्यम से प्रयास शुरू किए। लेकिन शीघ्र ही मुझे मालूम हुआ कि मुद्रण व्यवसाय को ज्यादा लाभप्रद नहीं माना जाता था। और शादी में पत्नी से धन लाने की उम्मीद करना उचित नहीं था। इस दरम्यान मेरे और मिसेज रीड के परिवार के बीच पड़ोसी एवं पुराने परिचित होने के नाते

पत्र-व्यवहार जारी था। मेरे प्रति उनमें उसी समय से सम्मान की भावना थी, जब मैंने पहली बार उनके घर में रहना शुरू किया था। तब मुझे प्रायः बुलाकर उनके मामलों में सलाह देने के लिए कहा जाता था। मुझे बेचारी मिस रीड की दुर्भाग्यपूर्ण स्थिति पर दया आती थी। वह प्रायः उदास, दुःखी और लोगों की सोहबत से दूर रहा करती थी। लंदन में रहने के दौरान अपने काम और परिस्थितियों में उसे भूले रहने को ही मैं उसके दुःख का कारण मानता था। हालाँकि उसकी माँ मुझसे ज्यादा स्वयं को ही उसकी हालत के लिए जिम्मेदार मानती थी, क्योंकि मेरे लंदन जाने से पूर्व उसने ही हमारे विवाह को रोका था और मेरी अनुपस्थिति में दूसरे रिश्ते के लिए उसे मना लिया था। हमारा पारस्परिक प्रेम पुनः जाग्रत् होने लगा। लेकिन हमारे विवाह को लेकर बड़ी आपत्तियाँ सामने आने लगीं। हमारे रिश्ते को वस्तुतः अवैध करार दिया जाने लगा। किंतु सभी कठिनाइयों का साहस से सामना करते हुए 1 सितंबर, 1730 को मैंने उसे पत्नी के रूप में स्वीकार कर लिया। सौभाग्य से हमें जिन बातों का डर था, ऐसी कोई बातें नहीं हुईं। वह एक अच्छी और विश्वसनीय जीवन साथी सिद्ध हुई। उसने दुकान चलाने में मेरी काफी मदद की। हम साथ-साथ फलने-फूलने लगे और हमेशा एक-दूसरे को पारस्परिक तौर से खुश रखने का प्रयास करने लगे। इस तरह जितना संभव था उतना मैं एक बड़ी भूल को सुधारने में सफल रहा।

इस समय तक हमारे क्लब की बैठक मिस्टर ग्रेस के मकान के एक छोटे से कमरे में हुआ करती थी। मैंने एक प्रस्ताव रखा कि चूँकि तर्क-वितर्क के दौरान संदर्भ हेतु हमारी पुस्तकों की आवश्यकता पड़ती है, इसलिए उन्हें हमारे बैठक स्थल पर ही रखा जाना उचित होगा। इस तरह सभी सदस्यों की पुस्तकों को एक जगह इकट्ठा रखकर हम एक-दूसरे की पुस्तकों का प्रयोग भी कर सकते हैं। इससे यह फायदा होगा मानो सभी पुस्तकों पर सभी का अधिकार है। यह प्रस्ताव सभी को पसंद आया और सभी इसके लिए राजी हो गए। सभी सदस्यों ने अपनी-अपनी पुस्तकें लाकर रख दीं और कमरे के एक ओर उन्हें जमा दिया गया। उनकी संख्या हमारी प्रत्याशाओं से कम थी। हालाँकि वे काफी उपयोगी थीं, किंतु उनके

उचित रख-रखाव के अभाव में कुछ असुविधाएँ उत्पन्न होने लगीं। लगभग एक साल के बाद यह संग्रह समाप्त हो गया। सभी अपनी-अपनी पुस्तकें वापस घर ले गए।

और तब मैंने सार्वजनिक प्रकृति की अपनी प्रथम परियोजना में कदम रखा और वह था वाचनालय। यह परियोजना आगे चलकर उत्तरी अमेरिका के सदस्यता शुल्क पर आधारित वाचनालयों की जननी सिद्ध हुई। यह अपने आप में एक बड़ी संस्था हो गई और लगातार बढ़ती ही गई। इन वाचनालयों से अमेरिकियों की सामान्य वार्त्तालाप शैली में सुधार हुआ और आम व्यापारी व किसान अन्य देशों के सज्जन व्यक्तियों की तरह बुद्धिमान हो गए।

सन् 1732 में मैंने रिचर्ड साउंडर्स के नाम से अपना पहला कैलेंडर प्रकाशित किया। उसे आमतौर पर 'पुअर रिचड्र्स' ऐलमेनेक भी कहा जाता था। मैंने लगातार 25 वर्षों तक उसका प्रकाशन जारी रखा। मैंने उसे मनोरंजक एवं उपयोगी दोनों बनाने का भरसक प्रयास किया। परिणामस्वरूप उसकी माँग ऐसी बढ़ी कि मैंने उससे भरपूर फायदा कमाया।

मैं प्रतिवर्ष इन्हें 10,000 की संख्या में बेचा करता था। मैंने यह पाया कि पड़ोस का कोई भी राज्य मेरे कैलेंडर की पहुँच से अछूता नहीं था। आम लोगों के बीच (जो सामान्यतः पुस्तकें नहीं खरीदते थे) पुस्तकों के संदेशों को पहुँचाने का मैंने इसे विशेष माध्यम बनाया। मैंने दो विशेष दिनों के बीच में छूटी हुई थोड़ी सी भी जगह को अच्छे कथनों (अधिकतर जो श्रम एवं मितव्ययिता को बढ़ावा देते थे) से भरना शुरू किया। हालाँकि मेरा यह भी मानना है कि जरूरतमंद व्यक्ति के लिए ईमानदारी बनाए रखना उतना ही कठिन होता है जितना एक खाली बोरे का सीधा खड़ा रहना।

कई युगों एवं राष्ट्रों की बुद्धिमत्ता से परिपूर्ण इन अमृत वचनों का संग्रह कर और उन्हें क्रमबद्ध व्याख्यान के रूप में पिरोकर मैंने 1757 के कैलेंडर के प्रारंभ में ही उन्हें प्रकाशित कराया। इन बिखरे संदेशों को एक क्रम में लाने का अपेक्षाकृत अधिक प्रभाव पड़ा। ये संदेश सार्वभौमिक रूप से स्वीकार्य होने के कारण महाद्वीप के सभी समाचार पत्रों में अनुकृत हुए। ब्रिटेन में इन्हें घरों में चिपकाए जाने के लिए बड़े पैमाने पर पुनः मुद्रित किया गया। इनका फ्रेंच

भाषा में दो बार अलग-अलग अनुवाद भी किया गया। इन्हें पादरियों और आम लोगों द्वारा भारी संख्या में खरीदा गया।

मैं अपने अखबार को अच्छे संदेश प्रसारित करने का माध्यम भी मानता था, इसलिए उसमें स्पेक्टेटर्स एवं अन्य लेखकों के नैतिक लेखों के सार भी प्रकाशित किया करता था। कभी-कभार मैं उन स्वरचित लेखों को भी प्रकाशित करता था, जिन्हें मैंने अपने क्लब (जुंटो) में पढ़े जाने के लिए तैयार किया था। इन्हें सन् 1735 के प्रारंभिक अखबारों में पाया जा सकता है।

अपने अखबार संचालन में किसी का अपमान करनेवाले लेख को प्रकाशित न करने के प्रति मैं हमेशा सजग रहा, जो कि हाल के वर्षों में हमारे देश के लिए काफी अपमानजनक सिद्ध हुए हैं। जब कभी भी मुझसे इस तरह की विशेष वस्तु शामिल करने के लिए लेखकों द्वारा प्रेस की स्वतंत्रता के नाम पर जोर दिया जाता तो मैं उन्हें अलग से मुद्रित कर लेखकों को उनकी मनचाही संख्या में प्रतियाँ दे दिया करता, ताकि वे व्यक्तिगत रूप से उनका वितरण कर सकें। लेकिन मैं ऐसे निजी एवं आपसी विवादों को अपने अखबार के माध्यम से अपने पाठकों तक नहीं पहुँचाता था। हमारे अनेक प्रकाशक आज व्यक्तिगत द्वेषों को संतुष्ट करने का अविवेकपूर्ण कार्य करने में नहीं हिचकते हैं। वे सर्वोत्तम चरित्र के व्यक्तियों पर गलत आरोप, दो लोगों या संस्थाओं के बीच दुश्मनी बढ़ाने, यहाँ तक कि पड़ोसी सरकारों पर आक्षेपपूर्ण विचारों एवं हमारे सर्वश्रेष्ठ राष्ट्रीय समर्थकों के गलत आचार-विचार जैसी बातों को प्रकाशित करने से नहीं चूकते।

इन बातों की चर्चा मैं युवा प्रकाशकों के लिए बतौर सलाह कर रहा हूँ, ताकि उन्हें ऐसे कृत्यों से उनके व्यवसाय को दूषित एवं बदनाम करने के लिए प्रोत्साहित न किया जा सके। यदि ऐसी स्थिति भी आए तो मेरी तरह साफ-साफ इनकार कर दें। इससे उनके हितों को कोई क्षति नहीं पहुँचेगी।

सन् 1733 में मैंने अपने एक मुद्रणकर्मी को चार्ल्सटन, साउथ कैरोलिना भेजा, जहाँ एक मुद्रक की आवश्यकता थी। मैंने उसके मुद्रण यंत्र, छापे के अक्षर और साझेदारी का एक अनुबंध पत्र भी रखा, जिसके तहत मुझे (एक-तिहाई खर्च के अनुपात में) लाभ का एक-तिहाई हिस्सा प्राप्त करना था। वह

जानकार एवं ईमानदार व्यक्ति था, किंतु हिसाब के मामले में वह अनभिज्ञ था। हालाँकि कभी-कभी वह मुझे पैसे भेजता था, किंतु मुझे उससे कुछ हिसाब नहीं मिल सका, न ही उसके जीते-जी साझेदारी का संतुष्टिजनक विवरण। उसकी मृत्यु के पश्चात् हमारा व्यवसाय उसकी विधवा पत्नी द्वारा संचालित किया जाता रहा। वह हॉलैंड में जनमी और पली-बढ़ी थी, जहाँ (जैसी कि मुझे जानकारी है) हिसाब-किताब का ज्ञान शिक्षा का एक भाग है। उसने मुझे न केवल पहले के सौदों का स्पष्ट हिसाब-किताब भेजा, बल्कि आगे के सौदों का सही-सही हिसाब-किताब नियमित रूप से प्रति सप्ताह भेजती रही। उसने व्यवसाय को इतनी सफलतापूर्वक सँभाला कि अपने बच्चों के उचित पालन-पोषण के अलावा अनुबंध की मियाद पूरी होने पर मुझसे उस मुद्रणालय को खरीद लिया और उसे अपने बेटे को सौंप दिया।

इस विवरण को देने का मेरा प्रमुख उद्देश्य यह बताना है कि महिलाओं की शिक्षा व्यवस्था ऐसी होनी चाहिए, जो वैधव्य की स्थिति में उनके एवं उनके बच्चों के काम आ सके।

वर्ष 1734 के करीब हमारे बीच आयरलैंड से हैंपहिल नाम का एक युवा प्रेसबिटेरियन प्रचारक आया। वह अपनी प्रभावी आवाज में ऐसे प्रखर व्याख्यान दिया करता कि सभी वर्ग के लोग बड़ी संख्या में उसे सुनने के लिए आते और उसकी प्रशंसा करते। मैं भी उसका नियमित श्रोता बन गया, क्योंकि उसके उपदेश में रूढ़िवादिता की कमी थी और अच्छे कर्मों के अभ्यास हेतु मनो-मस्तिष्क पर अच्छी छाप पड़ती थी। श्रोताओं में कुछ जो रूढ़िवादी प्रकृति के थे, उसकी बातों को नकारते थे। लेकिन मैं उसका समर्थक हो गया और अपने प्रयास से उसके पक्ष में एक दल तैयार करके सफलता की उम्मीद से हम डटे रहे। इस बात को लेकर पक्ष-विपक्ष में काफी कुछ लिखा जाता रहा। हालाँकि वह अच्छा वक्ता था, लेकिन उसकी लेखन शैली कमजोर थी। मैंने उसकी बातों को संकलित करके दो या तीन पैंफलेट लिखे। इसके अलावा अप्रैल 1735 के गजट में एक लेख प्रकाशित कराया। जैसा कि विवादास्पद लेखों में होता है, ये पैंफलेट काफी उत्सुकतापूर्वक पढ़े गए और शीघ्र ही भुला दिए गए।

सन् 1733 में मैंने भाषाओं का अध्ययन प्रारंभ कर दिया था। फ्रेंच भाषा पर तो शीघ्र ही मैंने इतना अधिकार कर लिया कि उसमें लिखी पुस्तकें मैं आसानी से पढ़ लेता। इसके पश्चात् मैंने इटैलियन भाषा सीखने की शुरुआत की। मेरा एक परिचित भी, जो इसे सीख रहा था, मुझे अपने साथ प्रायः शतरंज खेलने के लिए बुलाया करता। इसमें ज्यादा समय लगता देखकर मैंने शतरंज खेलने के लिए एक शर्त रख दी कि जो भी जीतेगा, वह हारनेवाले को इटैलियन भाषा से संबंधित कोई काम देगा, चाहे वह व्याकरण सीखने से संबंधित हो या अनुवाद इत्यादि। हारनेवाले को यह कार्य अगली बार मिलने के पूर्व तैयार रखना होगा। इस तरह आगे हम शतरंज के अलावा इस भाषा में भी एक-दूसरे से जीतते या हारते। आगे चलकर कुछ परिश्रम से मैंने स्पेनिश भाषा का इतना अच्छा ज्ञान प्राप्त कर लिया कि इसमें लिखी कोई भी पुस्तक मैं पढ़ सकता था।

मैंने इस बात की पहले ही चर्चा की है कि लैटिन स्कूल में मुझे केवल एक ही वर्ष का शिक्षण मिला था, वह भी जब मैं काफी कम उम्र का था। लेकिन जब मैंने फ्रेंच, इटैलियन एवं स्पेनिश भाषाएँ सीखने के बाद एक बार एक लैटिन टेस्टामेंट पढ़ने की कोशिश की तो मेरे आश्चर्य का ठिकाना न रहा। मुझे जितनी उम्मीद थी, उससे ज्यादा समझ में आ रहा था। इससे मैं इस भाषा को पुनः सीखने के लिए प्रोत्साहित हुआ। इसमें मुझे सफलता मिली, क्योंकि फ्रेंच, इटैलियन और स्पेनिश के कारण इसे सीखना काफी आसान हो गया था।

इन बातों से मुझे लगा कि हमारी भाषा ज्ञान कराने की सामान्य विधि में कुछ बेमेलपन-सा है। हमें कहा जाता है कि पहले लैटिन से शुरुआत करना उचित है और इसे सीखने के पश्चात् उन आधुनिक भाषाओं को सीखना सरल होगा, जिनकी यह (लैटिन) जननी है। परंतु इसके बावजूद हम लैटिन सीखने की शुरुआत ग्रीक से नहीं करते, ताकि हम लैटिन सरलता से सीख सकें। यह सच है कि यदि हम बिना पायदानों का प्रयोग किए सीढ़ी के सबसे ऊपरी हिस्से पर चढ़ जाएँ तो पायदानों की सहायता से उतरना काफी आसान हो जाएगा; किंतु निश्चित रूप से यदि तुम सबसे निचले पायदान से प्रारंभ

करते हो तो काफी सरलतापूर्वक तुम इसके शीर्ष पर जा सकते हो। अतः अपने युवाओं हेतु शिक्षण नीति-निर्धारकों को मैं यह अवगत कराना चाहूँगा कि जो लैटिन सीखना प्रारंभ करते हैं, वे कुछ साल बीतने पर बगैर कोई खास प्रवीणता हासिल किए इसे छोड़ देते हैं। और जो कुछ भी उन्होंने सीखा होता है, वह भी लगभग अनुपयोगी सिद्ध होता है। इस तरह उनका इस प्रयोजन हेतु खर्च किया गया समय भी व्यर्थ ही चला जाता है। क्या लैटिन के पूर्व फ्रेंच भाषा से शुरुआत करना बेहतर नहीं होता? क्योंकि यदि वे उतना समय बिता लेने के बाद भाषाओं का अध्ययन बीच में ही छोड़ देते हैं और लैटिन तक नहीं भी पहुँचते तो कम-से-कम वे एक या दो आधुनिक प्रयोग की भाषा को सीख सकेंगे, जो कि आम जीवन में उनके काफी काम की होगी।

बोस्टन से 10 वर्ष तक दूर रहने के बाद और जब मेरी परिस्थितियाँ अनुकूल हो गईं, मैं वहाँ अपने रिश्तेदारों से मिलने पहुँचा। इससे पहले ऐसा करना मेरे लिए मुमकिन भी नहीं हो सका। लौटते वक्त न्यूपोर्ट पर मैं अपने भाई से मिलने पहुँचा, जो कि अपने व्यवसाय के साथ वहीं बस गया था। हमारे पूर्व के मतभेद भुला दिए गए थे। हमारी मुलाकात काफी सहृदय एवं लगावपूर्ण थी। उसका स्वास्थ्य तेजी से बिगड़ता लग रहा था। उसने मुझसे अनुरोध किया कि उसकी मौत, जो कि वह नजदीक महसूस कर रहा था, के बाद मैं उसके 10 साल के बेटे को अपने साथ ले जाऊँ और मुद्रण व्यवसाय में लगाकर उसे बड़ा करूँ। बाद में मैंने वही किया। कुछ वर्षों तक उसे स्कूल भेजने के पश्चात् मैंने उसे कार्यालय के काम में लगा दिया। उसके बड़े होने तक उसकी माँ उसके व्यवसाय को चलाती रही। इस दौरान मैं उसे नए छापे के अक्षरों में काम करने में प्रवीण करता रहा, क्योंकि जो उसके पिता द्वारा प्रयुक्त किए जाते थे, वे पुराने पड़ चुके थे। इस तरह अपने भाई के मुद्रणालय में बहुत पहले ही अपनी सेवा छोड़कर चले जाने से जो क्षति उसे मैंने पहुँचाई थी, उसकी अच्छी भरपाई करने में मैं सफल रहा।

सन् 1736 में मेरे बेटों में से एक की चेचक के कारण मौत हो गई। वह चार वर्ष की उम्र का खूबसूरत बालक था। लंबे समय तक मुझे उसकी मौत

का बुरी तरह खेद रहा और आज भी मुझे खेद होता है कि मैंने उसे चेचक का टीका क्यों नहीं लगवाया था।

यहाँ इस बात की चर्चा करना मैं इसलिए जरूरी समझता हूँ कि दूसरे माता-पिता अपने बच्चों के स्वास्थ्य से जुड़ी ऐसी कोई गलती न करें, जिसके लिए वे स्वयं को कभी माफ न कर सकें। उन्हें मेरी ही तरह पछताना पड़ सकता है, इसलिए एहतियात बरतना ही बेहतर है।

हमारा क्लब (जुंटो) इतना उपयोगी साबित हुआ और उसके सदस्य इससे इतने संतुष्ट थे कि इसमें से कई अपने मित्रों को भी इसमें शामिल करना चाहते थे, जो कि हमारी सुविधाजनक कुल संख्या (12) को बढ़ाए बगैर संभव नहीं हो सकता था। आरंभ से ही हमने यह नियम बना लिया था कि हम अपने इस संस्थान को गुप्त रखेंगे और इसे हमने बखूबी निभाया भी। इसके पीछे हमारा इरादा अनुचित लोगों के प्रवेश पर रोक लगाने का था। इस तरह के लोगों में कुछ तो ऐसे भी हो सकते थे, जिन्हें हम इनकार नहीं कर पाते। मैं उनमें से एक था, जो सदस्य संख्या में बढ़ोतरी के पक्षधर नहीं था। लेकिन इसके बावजूद हमने लिखित में एक प्रस्ताव तैयार किया का क्लब का प्रत्येक सदस्य एक उपक्लब बनाने का प्रयास करेगा, जिसमें वैसे ही प्रश्न उठाने और इसके प्रति आदर की नियमावली होगी। यह भी व्यवस्था रखी गई कि उपक्लब के सदस्यों को यह जानकारी नहीं दी जाएगी कि वह (उप क्लब बनानेवाला सदस्य) जुंटा से संबंधित है। इसके प्रत्याशित फायदों को इस तरह गिनाया गया—

हमारे संस्थान के प्रयोग से अनेक अन्य युवा व्यक्तियों में सुधार, किसी भी खास मौके पर आम लोगों की भावनाओं से हमारा परिचय, क्योंकि जुंटो का सदस्य उन मुद्दों को प्रस्तावित कर सकता है, जिसके विषय में हम जानकारी चाहते हैं और जो भी प्रस्ताव उपक्लब में पास होता है, उसकी जानकारी हमें दे सकता है। हमारे व्यावसायिक हितों की पूर्ति, सार्वजनिक मामलों में हमारे प्रभाव में वृद्धि एवं जुंटो की भावनाओं को विभिन्न उपक्लबों के माध्यम से प्रचारित कर जन-कल्याण के कार्य में हमारी शक्ति में वृद्धि।

यह योजना स्वीकृत कर ली गई और प्रत्येक सदस्य ने एक उपक्लब के

गठन की जिम्मेदारी ले ली। सभी ने प्रयास किया, लेकिन उनमें से कई असफल रहे। केवल पाँच या छह ही उपक्लब बने, जिनमें से कुछ के नाम द वाइन, द यूनियन, द बैंड इत्यादि थे। वे स्वयं अपने आप में उपयोगी होने के अलावा हमारे लिए मनोरंजक एवं सूचना जुटाने में सहायक सिद्ध हुए। इसके अलावा विशेष अवसरों पर आम धारणाओं को हमारे दृष्टिकोणों से प्रभावित करने में उन्होंने महत्त्वपूर्ण भूमिका निभाई।

मेरी सबसे प्रथम तरक्की तब हुई जब वर्ष 1736 में मुझे जनरल असेंबली के क्लर्क पद हेतु चुना गया। इस पद पर मेरा चयन किसी विरोध या आपत्ति के बिना ही कर लिया गया। लेकिन आगामी वर्ष में जब मेरा नाम पुनः प्रस्तावित किया गया तो एक नए सदस्य ने मेरे खिलाफ और अपने उम्मीदवार के पक्ष में लंबा-चौड़ा भाषण दिया। फिर भी मेरा चयन कर लिया गया। यह मेरे लिए काफी अनुकूल रहा, क्योंकि मेरी क्लर्क की सेवा के बदले प्राप्त वेतन के अतिरिक्त सदस्यों के हितों को बनाए रखने के लिए मुझे बेहतर मौका मिला। साथ ही मुझे वोट, कानून, कागजी मुद्रा एवं अन्य सामयिक कार्यों के मुद्रण का कार्य भी मिल सका, जो कुल मिलाकर काफी फायदेमंद रहा।

यही वजह थी कि इस नए सदस्य का विरोध मुझे पसंद नहीं आया। वह एक समृद्ध, शिक्षित एवं प्रतिभाशाली व्यक्ति था, जिसके कारण आगामी समय में असेंबली पर अच्छा-खासा प्रभाव बन सकता था। और वस्तुतः ऐसा हुआ भी। किंतु उसका समर्थन हासिल करने के लिए मैंने उसका खुशामद भरा सम्मान करने के बदले एक दूसरा रास्ता अख्तियार किया। मैंने यह सुन रखा था कि इस व्यक्ति की लाइब्रेरी में अत्यंत दुर्लभ एवं अच्छी पुस्तकें हैं। मैंने उसे एक पत्र लिखा, जिसमें मैंने उस पुस्तक के अध्ययन की इच्छा व्यक्त करते हुए मुझे पुस्तक उधार देकर अनुगृहीत करने की गुजारिश की थी। उसने शीघ्र ही वह पुस्तक मुझे भिजवा दी। मैंने एक सप्ताह में ही पढ़कर उसे लौटा दिया, साथ में मैंने एक पत्र भी लिखा जिसमें मैंने उससे अपना समर्थन करने के लिए कहा था। जब हम हाउस (सदन) में पुनः मिले तो उसने मुझसे बड़े अदब से बात की। ऐसा उसने पहले कभी नहीं किया था। उसके बाद हमेशा

ही उसने हर मौके पर मेरा साथ देने की तत्परता व्यक्त की। हम अच्छे मित्र बन गए और यह मित्रता उसके जीवन-पर्यंत कायम रही। यह उस पुरानी कहावत के चरितार्थ होने का दूसरा उदाहरण है, जिसमें कहा गया है, "वह जिसने एक बार कभी तुम पर दया का भाव व्यक्त किया है, वह दूसरी बार भी ऐसा करने के लिए उस व्यक्ति की अपेक्षा ज्यादा तत्पर रहेगा, जिसपर स्वयं तुमने कभी कोई कृतज्ञता की है।"

सन् 1737 में वर्जीनिया के पूर्व गवर्नर एवं तत्कालीन डाक महाअधीक्षक कर्नल स्पॉर्सवुड ने अपने अधीनस्थ उप डाक महाअधीक्षक को उसकी सेवा से असंतुष्ट एवं हिसाब-किताब में अनियमितता की वजह से उक्त पद से हटाकर मुझे पदासीन करने का प्रस्ताव रखा। मैंने बड़ी तत्परता के साथ इसे स्वीकार कर लिया। मैंने पाया कि यह काफी लाभप्रद कार्य था। क्योंकि भले ही वेतन कम था, लेकिन इससे जुड़े पत्राचार से मेरे अखबार का सुधार हुआ। उसकी प्रसार संख्या में वृद्धि हुई और विज्ञापनों की प्राप्ति संभव हुई। इससे मेरी आय में अच्छी-खासी वृद्धि हुई। और इसी अनुपात में मेरे प्रतिस्पर्धी का अखबार पतनोन्मुख हुआ।

अब मैंने अपना ध्यान छोटे-मोटे सार्वजनिक मसलों की तरफ मोड़ दिया। इनमें से सबसे प्रथम मुद्दा सिटी वॉच (गश्त) का था, जिसका नियमन मैं चाहता था। इसका प्रबंधन कांस्टेबलों द्वारा अपने-अपने वार्डों में बारी-बारी से किया जाता था। कांस्टेबलों द्वारा अनेक गृहस्वामियों को रात के दौरान नजर रखने के लिए कहा जाता था। जो लोग ऐसा नहीं करते थे, उन्हें इसके एवज में कांस्टेबलों को 6 शिलिंग प्रतिवर्ष भुगतान करना पड़ता था। इससे कांस्टेबलों का काम अवैध कमाई का जरिया बन गया। प्रायः गश्त लगाने के कार्य में भी ढील-ढाल बरती जाती थी। इसलिए मैंने जंटो में पढ़े जाने के लिए एक लेख लिखा, जिसमें मैंने इन अनियमितताओं की चर्चा की थी। मैंने विशेष रूप से इस बात पर जोर दिया था कि गश्त के बदले में किया जानेवाला भुगतान संपत्ति की कीमत के अनुपात में होना चाहिए; क्योंकि एक गरीब विधवा, जिसकी संपत्ति लगभग 50 पौंड है और हजारों पौंड की संपत्ति के मालिक एक धनाढ्य व्यापारी दोनों को 6 शिलिंग का टैक्स ही देना पड़ता

था, जो कि अनुचित था। इस विचार को जुंटो द्वारा अनुमोदित होने के पश्चात् दूसरे क्लबों को प्रेषित किया गया। हालाँकि यह योजना शीघ्र ही कार्यान्वित नहीं की गई, लेकिन परिवर्तन हेतु लोगों की मानसिकता तैयार करते हुए इसने कुछ सालों पश्चात् उससे संबंधित निर्मित कानून का पथ प्रशस्त किया; क्योंकि इस समय तक हमारे क्लबों के सदस्य अपेक्षाकृत अधिक प्रभावशाली हो चुके थे।

लगभग इसी समय मैंने एक लेख और लिखा (जिसे पहले जुंटो में पढ़ा जाना था, लेकिन बाद में प्रकाशित भी किया गया), जो कि विभिन्न दुर्घटनाओं और लापरवाहियों पर केंद्रित था, जिसमें मकान जला दिए जाते थे। इसमें मैंने इनके प्रति सावधानी बरतने और इन्हें टालने के तरीके प्रस्तावित किए थे। एक उपयोगी लेख के रूप में इसकी काफी चर्चा रही और इसके शीघ्र बाद एक ऐसी कंपनी बनाने की योजना निर्मित की गई, जो अपेक्षाकृत ज्यादा तत्परता के साथ आग बुझाने का कार्य करेगी। शीघ्र ही इस योजना के सहयोगी मिल गए, जिनकी संख्या 30 के करीब थी।

इस संस्थान की उपयोगिता बढ़ती गई। इसमें अन्य अनेक लोगों द्वारा शामिल होने की इच्छा प्रकट की गई, जिन्हें एक कंपनी में ही समायोजित किया जाना संभव नहीं था। इसलिए एक दूसरी कंपनी बनाने की सलाह दी गई, जिसे बाद में क्रियान्वित किया गया। इसमें अधिकतर संपत्तिशाली निवासी सम्मिलित हो गए। अब लगभग इसकी स्थापना के 50 वर्षों के उपरांत जब मैं यह (आत्मकथा) लिख रहा हूँ, यह कंपनी अभी भी यूनियन फायर कंपनी के रूप में अस्तित्वान् है। हालाँकि इसके प्रारंभिक सदस्यों में मुझे और उम्र में मुझसे एक साल कम के एक अन्य सदस्य को छोड़कर सभी स्वर्ग सिधार चुके हैं। इस कंपनी की मासिक बैठकों में अनुपस्थित रहनेवाले सदस्यों से वसूली गई हर्जाने की इकट्ठी की गई रकम से फायर इंजिन, सीढ़ी, फायर हुक एवं अन्य उपयोगी यंत्र खरीदे जा चुके हैं। वस्तुतः इन संस्थानों के अस्तित्व में आने के पश्चात् से शहर में एक या दो मकान ही अग्निकांड में नष्ट हुए हैं। अन्य मामलों में आग की लपटों पर शीघ्र ही काबू पा लिया गया।

सन् 1739 में हमारे बीच आयरलैंड के एक भ्रमणशील उपदेशक मिस्टर

व्हाइटफील्ड का आगमन हुआ। उन्हें प्रारंभ में हमारे कुछ गिरजाघरों में उपदेश देने की अनुमति दी गई, बाद में पादरियों की नाराजगी की वजह से उन्हें गिरजाघरों में अनुमति नहीं मिली और उसे खुले मैदानों में उपदेश देना पड़ा। उपदेश सुननेवालों की संख्या बढ़ती गई। इनमें सभी वर्ग और स्तर के लोग सम्मिलित थे। शीघ्र ही स्थानीय लोगों में एक बड़ा परिवर्तन देखने को मिला। उन्हें देखकर ऐसा लगता मानो सारी दुनिया धर्म के प्रति विचारहीनता व तटस्थता से हटकर धार्मिक होने की राह पर है। शाम को शहर की प्रत्येक गली के घरों में प्रार्थना गीत सुने जा सकते थे।

जब लोगों का खुले मैदान में एकत्र होना असुविधाजनक लगने लगा तो एक भवन के निर्माण का प्रस्ताव रखा गया। इसके लिए कुछ लोगों को अनुदान एकत्र करने का काम सौंप दिया गया। शीघ्र ही पर्याप्त राशि एकत्रित कर ली गई और एक विशाल भवन का निर्माण किया गया। यह भवन 100 फीट लंबा एवं 70 फीट चौड़ा लगभग वेस्टमिंस्टर हॉल के आकार का था। निर्माण कार्य के प्रति इतनी आस्था एवं उत्साह था कि उसमें लगनेवाले प्रत्याशित समय से काफी पूर्व उसका निर्माण पूरा कर लिया गया। इस भवन को न्यासाधिकारियों के सुपुर्द कर दिया गया, ताकि भविष्य में कोई उपदेशक, जो अपनी बात फिलाडेल्फिया के लोगों से कहना चाहे तो उसे स्थान की कोई परेशानी न हो।

हमसे विदा लेने के पश्चात् मिस्टर व्हाइटफील्ड जॉर्जिया की कॉलोनियों में उपदेश देने के लिए पहुँचे। उस क्षेत्र में रिहाइश का कार्य अभी हाल में शुरू ही हुआ था। लेकिन निर्माण कार्य में लगे लोग परिश्रमी, श्रमसाध्य एवं मेहनत करने के अभ्यस्त होने के बदले जेल से रिहा किए गए कैदी थे, जिनमें ऐसे लोगों के परिवार शामिल थे, जिनकी दुकानें उजड़ गई थीं। ऋण न चुका पानेवाले कर्जदार इत्यादि थे। ये प्रारंभ में जंगल में बस गए थे और जंगल काटकर साफ करने एवं नए बसाव हेतु आवश्यक परिश्रम करने में अक्षम थे। उनमें से अनेक लोगों की मौत हो चुकी थी और इनके बच्चे यतीम हो चुके थे। उन बेसहारा बच्चों की शोचनीय स्थिति को देखकर व्हाइटफील्ड का उदार हृदय पसीज गया और उसने उनके लिए एक

अनाथालय बनाने हेतु कोष इकट्‌ठा करने का निश्चय किया, ताकि उन बेसहारा अनाथ बच्चों के पालन-पोषण एवं शिक्षा की व्यवस्था हो सके। उत्तर की ओर लौटते हुए उसने दान-प्राप्ति हेतु उपदेश देना प्रारंभ किया। परिणामस्वरूप उसने भारी कोष इकट्‌ठा कर लिया। लोगों के हृदय एवं बटुए पर उसकी व्याख्यान शक्ति का अभूतपूर्व प्रभाव पड़ता था, जिसका एक उदाहरण मैं स्वयं हूँ। मैंने उसके अनाथालय बनाने के विचार पर असहमति नहीं दिखाई थी। किंतु चूँकि जॉर्जिया में निर्माण सामग्री एवं कामगारों की काफी कमी थी, जिसे भारी खर्च पर फिलाडेल्फिया से भेजे जाने का प्रस्ताव रखा गया था। जबकि मेरा मानना था कि अनाथालय का निर्माण फिलाडेल्फिया में करके उन अनाथ बच्चों को यहीं ले आना बेहतर होता। मैंने उसे इस बात की सलाह दी थी, लेकिन अपनी बात पर अडिग रहते हुए उसने मेरी सलाह ठुकरा दी। इस वजह से मैंने अपनी ओर से योगदान न करने का मन बना लिया था। इसके कुछ समय पश्चात् मैं उसके एक प्रवचन कार्यक्रम में बतौर श्रोता सम्मिलित हुआ। मैंने निश्चय कर लिया था कि मैं उसे कुछ भी नहीं दूँगा। उस समय मेरी जेब में कुछ ताँबे के सिक्के, 3 या 4 चाँदी के डॉलर एवं 5 सोने के पिस्टोल थे। जब उसने अपना प्रवचन प्रारंभ किया, मैं उसकी बातों से द्रवित होने लगा और उसे ताँबे के सिक्के दे देने से मैं स्वयं को नहीं रोक सका। उसके उद्‌बोधन के दूसरे दौर के दौरान मुझे स्वयं पर अपनी सोच को लेकर शर्म महसूस हुई और मैंने चाँदी के डॉलर उसे दे दिए। अंत में उसने अपने व्याख्यान का समापन इतने प्रशंसनीय ढंग से किया कि मैंने जेब में बचे सोने के पिस्टोल निकालकर संग्रहकर्ता के पात्र में डाल दिए।

मिस्टर व्हाइटफील्ड के दुश्मनों में से कुछ का मानना था कि वह एकत्र की गई राशि का प्रयोग निजी हित में कर सकता है। किंतु चूँकि मैं उससे अंतरंगता से परिचित था और उसके उपदेश एवं जर्नलों को मैंने मुद्रित किया था, इसलिए उसकी सत्यनिष्ठा के प्रति मैं जरा भी आशंकित नहीं था; बल्कि उसके प्रति आज भी मेरी यही राय है कि वह अपने आचार-विचार में पूर्णत: ईमानदार व्यक्ति था। उसके प्रति मेरी इस राय की एक वजह यह भी है कि मेरे उसके साथ धार्मिक

संबंध नहीं थे। बेशक वह कभी-कभी मेरे धर्मांतरण के लिए प्रार्थना किया करता था, लेकिन उसे इस संबंध में उसकी प्रार्थना के सुने जाने की संतुष्टि कभी नहीं हुई। हमारे बीच एक सच्ची मित्रता का ही संबंध था, जो दोनों ओर से था। हमारी यह मित्रता उसके जीवनपर्यंत बरकरार रही।

हमारे बीच किस तरह का संबंध था, यह इस उदाहरण से स्पष्ट हो जाएगा। एक बार इंग्लैंड से बोस्टन आने पर उसने मुझे अपने शीघ्र ही फिलाडेल्फिया आने के विषय में लिखा। लेकिन उसने वहाँ पहुँचकर ठहरने के विषय में अपनी परेशानी की चर्चा की थी। क्योंकि उसके पुराने यजमान मिस्टर बेनजेट को जर्मनटाउन भेज दिया गया था। मैंने यह उत्तर दिया, "आपने मेरा मकान देखा है, यदि आप वहाँ उपलब्ध अल्प सुविधाओं में आराम से रह सकते हैं तो तहे-दिल से आपका स्वागत है।"

उसने जवाब में कहा कि यदि ऐसा प्रस्ताव मैं ईसा के प्रति करूँ तो मैं अपने पुरस्कार से कभी भी रहित नहीं होऊँगा। इस पर मैंने कहा, "मुझे गलत मत समझिए, लेकिन यह प्रस्ताव ईसा के लिए नहीं वरन् आपके लिए है।" इस पर मेरे एक परिचित ने टिप्पणी की थी कि चूँकि संतों को कोई मदद प्राप्त होती है तो वे इसके अनुग्रह का बोझ अपने कंधों से हटाकर स्वर्ग में रख देते हैं, जिसे मैंने पुनः धरती पर ले आने की युक्ति प्रयोग की।

पिछली बार लंदन में व्हाइटफील्ड के साथ मेरी मुलाकात तब हुई जब उसने अपने अनाथालय के संबंध में मुझसे संपर्क किया था। वह इसका प्रयोग एक महाविद्यालय की स्थापना के लिए भी करना चाहता था।

समय-समय पर उसके द्वारा किए जानेवाले लेखन से उसके दुश्मनों को काफी फायदा मिला। आलोचकों ने उसके लेखों का तीखा विरोध किया, ताकि उसके समर्थकों एवं श्रोताओं की संख्या घटती रहे। मेरे खयाल से यही वजह थी कि आगे उसने कुछ भी नहीं लिखा। यदि उसने अपने विचारों की अभिव्यक्ति हेतु लेखन का प्रयोग नहीं किया होता तो उसके समर्थन में एक बड़ा और महत्त्वपूर्ण पंथ तैयार हो गया होता और आज भी उसकी प्रतिष्ठा उसकी मृत्यु के बावजूद बढ़ रही होती।

मेरा कारोबार अब लगातार बढ़ता ही जा रहा था। साथ ही परिस्थितियाँ

भी लगातार बेहतर होती जा रही थीं। मेरा अखबार काफी लाभप्रद तो हो ही चुका था, बल्कि पास-पड़ोस के सूबों में वह अपने आप में एकमात्र लोकप्रिय अखबार था।

कैरोलिना के साथ साझेदारी की सफलता के परिणामस्वरूप मुझे इसमें आगे बढ़ने का प्रोत्साहन मिला। इसके अलावा मैं अपने कर्तव्यनिष्ठ कर्मचारियों को कैरोलिना की तर्ज पर ही विभिन्न कॉलोनियों में मुद्रण व्यवसाय में बतौर साझेदार स्थापित करना चाहता था। उनमें से अधिकतर लोग सफल रहे। उन्होंने अनुबंध की मियाद (6 वर्ष) पूरी होने के बाद मुझसे मुद्रण यंत्र खरीदकर मालिकाना हक प्राप्त कर लिया। इस तरह कई परिवारों ने तरक्की का स्वाद चखा। साझेदारी प्रायः झगड़े या कलह में समाप्त हो जाती है; लेकिन मुझे इस बात की खुशी थी कि मेरे मामले में यह बात अपवाद सिद्ध हुई और बड़े सौहार्द्रपूर्ण वातावरण में इनका समापन हुआ। मेरे खयाल से इसकी वजह यही थी कि साझेदारी में प्रवेश के पूर्व सभी नियम व शर्तें और साझेदार की जिम्मेदारियों इत्यादि का स्पष्ट उल्लेख तथा उस पर आधारित समझौता कर लिया जाता था। क्योंकि इससे साझेदारी के अनुबंध के समय साझेदारों के बीच एक-दूसरे के प्रति जो सम्मान एवं विश्वास निर्मित होता, उससे आगे चलकर एक-दूसरे के प्रति ईर्ष्या व चिढ़ का भाव पैदा होने की संभावना बहुत कम होती है। नहीं तो साझेदारी, व्यवसाय इत्यादि में प्रबंधन एवं जिम्मेदारी वहन करने की असमानता को लेकर मित्रता व संबंधों में टकराव, मुकदमेबाजी एवं अन्य प्रतिकूल निष्कर्ष ही सामने आते हैं।

पेंसिल्वेनिया में स्वयं को स्थापित करके मुझे काफी खुशी हुई। किंतु कुछ बातें यहाँ बड़ी खेदजनक थीं। यहाँ युवाओं हेतु शिक्षा का अभाव था। यहाँ न तो कोई महाविद्यालय था, न अन्य शैक्षणिक संस्थान। इसके अलावा यहाँ सुरक्षा का भी उचित प्रबंध नहीं था। इसलिए सन् 1743 में एक शैक्षणिक अकादमी की स्थापना हेतु मैंने एक प्रस्ताव तैयार किया। उस समय मिस्टर पीटर्स नामक एक योग्य व्यक्ति, जिनके पास समुचित रोजगार का अभाव था, संस्थान की निगरानी व संचालन हेतु उपयुक्त व्यक्ति लगे। मैंने उनसे इस प्रोजेक्ट पर विचार-विमर्श किया, लेकिन वे इसके लिए तैयार नहीं हुए।

लिहाजा तत्काल किसी दूसरे विकल्प के अभाव के कारण मैंने इस योजना को ठंडे बस्ते में डाल दिया। आनेवाले वर्ष 1744 में फिलॉसफिकल सोसाइटी को प्रस्तावित एवं स्थापित करने में मुझे सफलता मिली।

सुरक्षा के मामले में, स्पेन का ग्रेट ब्रिटेन के साथ कई वर्षों तक युद्ध चला। इस युद्ध में फ्रांस भी कूद पड़ा था, जिसके कारण हम खतरों से घिर गए थे। हमारे गवर्नर थॉमस द्वारा सैनिक कानून को पास कराने एवं सूबे की सुरक्षा हेतु प्रावधान तैयार करने के लिए क्वेकर असेंबली को राजी करने हेतु किए गए प्रयास असफल सिद्ध हुए। तब मैंने यह तय किया कि लोगों के स्वैच्छिक सहयोग से जो भी संभव होगा, वह मैं जरूर करूँगा। इसी उद्देश्य से मैंने 'प्लेन टुथ' नामक शीर्षक से एक पैंफलेट लिखकर प्रकाशित किया। उसमें मैंने विस्तार से लोगों की असुरक्षा की स्थिति, हमारी सुरक्षा के लिए एकता एवं अनुशासन की आवश्यकता का उल्लेख करते हुए कुछ दिनों के अंदर उसी उद्देश्य की पूर्ति हेतु एक सहकारिता स्थापित करने का वादा किया। इस पैंफलेट का अचानक एवं आश्चर्यजनक प्रभाव पड़ा। कुछ मित्रों के साथ मिलकर इसका मसौदा तैयार करने के पश्चात् मैंने गण्यमान्य नागरिकों के साथ विशाल हॉल में एक बैठक का आयोजन किया। भवन खचाखच भरा हुआ था। मैंने इसकी कई मुद्रित नकलें तैयार कर रखी थीं, और हाल में उपस्थित सभी लोगों के बीच कलम एवं स्याही वितरित करा दी। मैंने काफी जोश-खरोश के साथ उक्त विषय पर अपना भाषण दिया, मसौदे को पढ़कर सुनाया एवं उसकी व्याख्या की। इसके पश्चात् मैंने मुद्रित कॉपियों को वितरित कराया। इस पर सभी ने बिना किसी एतराज के खुशी-खुशी हस्ताक्षर कर दिए।

इन मसौदों को पुनः संगृहीत किए जाने पर इनकी संख्या लगभग 1,200 थी। देश भर में अन्य प्रतियाँ वितरित करने पर 10,000 से ज्यादा लोगों का समर्थन हमें हासिल हुआ। शीघ्र ही इन लोगों ने स्वयं को हथियारों से लैस कर कंपनियों एवं रेजीमेंटों में विभाजित किया, अपने अधिकारियों का चयन कर लिया और प्रति सप्ताह शारीरिक प्रशिक्षण एवं अन्य सैनिक अनुशासन के पालन हेतु मिलने लगे।

फिलाडेल्फिया रेजीमेंट की कंपनियों के अधिकारियों द्वारा बैठक करने के पश्चात् उन्होंने मुझे अपना कर्नल नियुक्त कर लिया। लेकिन स्वयं को इस कार्य के लिए उपयुक्त न समझते हुए मैंने यह पद लेने से इनकार कर दिया और मिस्टर लॉरेंस, जो कि एक प्रभावशील एवं अच्छे व्यक्ति थे, की अनुशंसा कर दी और उन्हें इस पद को सौंप दिया गया। हमने बोस्टन से कुछ पुरानी तोपें मँगवाईं, लेकिन वे पर्याप्त नहीं थीं। तब कुछ और तोपों की आपूर्ति के लिए हमने एक पत्र इंग्लैंड प्रेषित किया। हालाँकि उसकी प्राप्ति के प्रति हम सशंकित थे।

इस बीच कर्नल लॉरेंस, विलियम अलेन, अब्राहम टेलर, इस्कर एवं स्वयं मुझे गवर्नर क्लिंटन की कुछ तोपें उधार लेने के कार्य से न्यूयॉर्क भेज दिया गया। शुरू में तो उसने स्पष्ट मना कर दिया; लेकिन भोजन के दौरान जब शराब का दौर चला (जैसा कि वहाँ का रिवाज है) तो वह कुछ नम्र पड़ गया और हमें 6 तोपें उधार देने को राजी हो गया। शराब का दौर ज्यों-ज्यों आगे बढ़ा, उसने तोपों की संख्या को क्रमशः 10 और फिर 18 तक बढ़ा दिया। ये अच्छे किस्म की वाहन-युक्त तोपें थीं, जिन्हें हमने शीघ्र ही उन स्थानों को भिजवा दिया, जहाँ हमारे सुरक्षा प्रहरी रात की चौकसी पर लगे हुए थे।

इन कार्यों में मेरी भूमिका गवर्नर और काउंसिल दोनों ने पसंद की। उन्होंने मुझे विश्वास में ले लिया और इस संबंध में जहाँ उन्हें आवश्यकता महसूस होती थी, वे मुझसे सलाह लिया करते थे। इसमें धार्मिक मदद प्राप्त करने के लिए मैंने उन्हें एक व्रत रखे जाने की घोषणा का प्रस्ताव दिया। उन्होंने सहर्ष इस प्रस्ताव को स्वीकार कर लिया। लेकिन यह उस सूबे का ऐसा प्रथम व्रत होने जा रहा था और सेक्रेटरी को इसका अनुभव नहीं था। न्यू इंग्लैंड में (जहाँ हर साल इस तरह का व्रत रखा जाता है) हुई मेरी शिक्षा का यहाँ कुछ फायदा मिला। इसके रिवाज को मैंने अंग्रेजी में लिख दिया और इसे जर्मन में अनूदित कर लिया गया। तदुपरांत इसे दोनों भाषाओं में मुद्रित कर सूबे में वितरित करा दिया गया। इससे विभिन्न पंथ के पादरियों को अपनी सभाओं के लोगों को एसोसिएशन में शामिल करने हेतु उन पर प्रभाव डालने का अवसर मिल गया।

मेरे कुछ मित्रों का सोचना था कि इन सब मामलों में मेरी सक्रिय भूमिका से सूबे की असेंबली में मेरा प्रभाव घट जाएगा और वहाँ का बहुमत मेरे खिलाफ हो सकता था। एक युवा सज्जन, जिसके अनेक मित्र हाउस में थे और जो मेरे बाद क्लर्क बनने के लिए उत्सुक था, उसने मुझे बताया कि अगले चुनाव में मुझे हटाया जाना तय कर लिया गया है। और इसीलिए उसने मुझे स्वयं त्यागपत्र देने के लिए सुझाव दिया, ताकि हटाए जाने से मेरी प्रतिष्ठा पर आँच आने की स्थिति ही निर्मित न हो। मैंने उन्हें यह उत्तर दिया कि मैंने कुछ सार्वजनिक जीवन व्यतीत करनेवालों से यह नियम सुना और पढ़ा था कि किसी पद की माँग नहीं करनी चाहिए और जब कोई पद सौंपा जाए तो उसे स्वीकार करने से इनकार नहीं करना चाहिए। मैंने आगे कहा, "उस नियम को स्वीकार करते हुए मैं इसमें कुछ संशोधन करके इनका पालन करूँगा। न तो मैं कोई भी पद कभी माँगूँगा, न पद लेने से इनकार करूँगा और न ही किसी पद से कभी इस्तीफा दूँगा। यदि वे मेरे क्लर्क पद को मुझसे वापस लेना चाहते हैं तो वे ऐसा करेंगे। लेकिन इस पद को स्वयं छोड़कर मैं अपने प्रतिद्वंद्वियों से कभी-न-कभी प्रतिकार लेने के अपने अधिकार को नहीं खोऊँगा।" इसके पश्चात् इस विषय पर मुझे कुछ सुनने को नहीं मिला। मुझे पुनः हमेशा की तरह सर्वसम्मति से अगले चुनाव में चयनित कर लिया गया।

समय के क्रम में इस बात की चर्चा मुझे पहले ही करनी चाहिए थी कि सन् 1742 में मैंने कमरा गरम करने के लिए खुले स्टोव का आविष्कार किया और अपने एक मित्र मिस्टर रॉबर्ट ग्रेस को बतौर पुरस्कार समर्पित कर दिया। उसके पास लोहा गलाने की भट्ठी थी। उसने ऐसे स्टोव के लिए प्लेटों की ढलाई का काम शुरू कर दिया, जो कि इसकी (स्टोव की) बढ़ती माँग के कारण काफी फायदेमंद सिद्ध हुआ। इस माँग को बढ़ाने के लिए मैंने 'एन एकाउंट ऑफ न्यू-इन्वेंटेड पेंसिल्वेनिया फायरप्लेस' शीर्षक से एक पैंफलेट प्रकाशित किया, जिसमें विशेष रूप से इसके निर्माण एवं क्रियाविधि का उल्लेख, अन्य विधियों की अपेक्षा कमरा गरम करने में इसके लाभों को प्रदर्शित एवं इसके प्रयोग से संबंधित उठाए गए सभी एतराजों के जवाब दिए

गए थे। इस पैंफलेट का अच्छा प्रभाव पड़ा। गवर्नर थॉमस इस स्टोव के निर्माण से इतने खुश थे कि उन्होंने उसके एकमात्र विक्रेता के रूप में मुझे कई वर्षों का लाइसेंस दे दिया। लेकिन मैंने अपने इस सिद्धांत के आधार पर इनकार कर दिया कि चूँकि हम दूसरों के आविष्कारों का फायदा लेते हैं, इसलिए हमें अपने किसी आविष्कार से दूसरों की सेवा करके खुश होना चाहिए और ऐसा हमें स्वतंत्रतापूर्वक एवं उदारतापूर्वक करना चाहिए।

किंतु लंदन के एक लोहार ने मेरे पैंफलेट से बहुत सी जानकारी लेकर एवं उसमें कुछ छोटे-मोटे फेर-बदल करके, जिससे वस्तुतः इसकी क्रियाविधि में गड़बड़ी आती थी, उसका पेटेंट हासिल कर लिया, जिससे—जैसा कि मुझे बताया गया—उसनें काफी धन भी अर्जित किया। मेरे आविष्कारों से दूसरों द्वारा पेटेंट अर्जित करने का यह एकमात्र उदाहरण नहीं था। उन अँगीठियों (स्टोवों) के प्रयोग से इस और पड़ोस की कॉलोनियों में लकड़ी का ईंधन बचाने में यह अत्यंत उपयोगी रहा है।

इसके पश्चात् मैंने अपना ध्यान पुनः एक अकादमी की स्थापना में केंद्रित कर दिया। इस दिशा में सबसे पहला कदम मैंने बहुत से सक्रिय मित्रों को जोड़ने में उठाया। इस कार्य में जुंटो ने अच्छी भूमिका अदा की। दूसरा कदम था–'प्रपोजल्स रिलेटिंग टू दि एजुकेशन ऑफ यूथ इन पेंसिल्वेनिया' शीर्षक से एक पैंफलेट लिखकर उसे प्रकाशित करना। इसे मैंने वहाँ के प्रमुख नागरिकों के मध्य मुफ्त वितरित किया। और ज्यों ही मैंने यह महसूस किया कि इसे पढ़कर उनके दिमाग में कुछ सकारात्मक असर पड़ा है, मैंने एक अकादमी प्रारंभ करने हेतु चंदा इकट्ठा करने का कार्य प्रारंभ कर दिया। चंदे का भुगतान वार्षिक दर से पाँच वर्षों तक किया जाना था। इसके इस वितरण से मैंने हिसाब लगाया कि चंदे की राशि लगभग 5 पौंड से अधिक थी।

इन प्रस्तावों के परिचय में मैंने इनके प्रकाशन को अपना स्वयं का कार्य न बताकर कुछ सार्वजनिक कार्यकर्ताओं का उत्साह बताया। क्योंकि अपने सिद्धांत के मुताबिक जितना हो सकता था, मैं जनता के हित के कार्यों की किसी योजना के लेखक के रूप में स्वयं को सामने नहीं लाता था। इस प्रोजेक्ट को शीघ्रातिशीघ्र कार्यान्वित करने के लिए चंदा देनेवालों ने चौबीस

न्यासधारियों की नियुक्ति कर दी और मुझे एवं तत्कालीन एटॉर्नी जनरल को अकादमी के प्रशासन-संचालन हेतु संविधान तैयार करने की जिम्मेदारी सौंपी। इसके तैयार होकर हस्ताक्षरित हो जाने के उपरांत एक मकान किराए पर लेकर तथा शिक्षक नियुक्त करके उसी साल 1749 में विद्यालय प्रारंभ कर दिए गए।

छात्रों की तेजी से बढ़ती संख्या की वजह से शीघ्र ही यह मकान छोटा पड़ने लगा। हम उचित स्थान पर निर्माण कार्य हेतु एक भूखंड तलाशने लगे। किंतु ईश्वर की कुछ ऐसी कृपा हुई कि हमें एक विशाल भवन मिल गया, जो थोड़े-बहुत रद्दो-बदल के पश्चात् हमारे लिए काफी उपयुक्त हो सकता था। यह वही भवन है, जिसकी चर्चा मैं पहले कर चुका हूँ, जिसे व्हाइटफील्ड के श्रोताओं के सहयोग से तैयार किया गया था।

इस अकादमी के न्यासधारियों को गवर्नर के अधिकार-पत्र द्वारा समाविष्ट कर दिया गया। अकादमी के कोष में वृद्धि की गई, भूमि का अनुदान किया गया। इसमें असेंबली द्वारा तभी से भारी योगदान किया जाता रहा। इस तरह आज 'फिलाडेल्फिया विश्वविद्यालय' के नाम से विख्यात संस्था की स्थापना हुई। मैं शुरुआत से लगातार 40 वर्षों से इसके न्यास का सदस्य रहा हूँ और इसमें शिक्षा प्राप्त कर सार्वजनिक केंद्रों में काम आनेवाली सेवाओं में बेहतर योग्यताएँ हासिल करने और देश के लिए रत्न साबित होनेवाले युवकों को देखकर मुझे बहुत खुशी होती है। अपने निजी व्यवसाय से अलग होने के पश्चात् स्वयं द्वारा अर्जित पर्याप्त किंतु सामान्य दौलत से मुझे शेष जीवन में दार्शनिक अध्ययन एवं मनोरंजन हेतु पर्याप्त ऐशो-आराम हासिल हुआ। इंग्लैंड से यहाँ व्याख्यान देने पहुँचे डॉ. स्पेंसर्स के सभी यंत्र मैंने खरीद लिये और बड़ी तन्मयता से अपने विद्युतीय प्रयोगों में लग गया। लेकिन लोग मुझे फुरसत में समझकर अपने कामों में सिविल प्रशासन के प्रत्येक कार्य में मेरा प्रयोग करने के लिए मुझ पर कर्तव्यों का बोझ लाद दिया करते। गवर्नर ने मुझे शांति आयोग में सम्मिलित कर लिया। शहर के निकाय ने मुझे पहले सामान्य काउंसिल में और बाद में एल्डरमेन चुन लिया और आम लोगों ने असेंबली में उनके प्रतिनिधित्व हेतु मेरा चुनाव कर लिया। यह अंतिम विकल्प मेरे लिए

काफी उपयुक्त था, क्योंकि क्लर्क के रूप में असेंबली में बैठे हुए तथा स्वयं की कोई भूमिका न निभा पाने के कारण मैं ऊब चुका था। अब मैंने महसूस किया कि असेंबली का सदस्य बनने से मेरे कार्यक्षेत्र व प्रभुत्व में वृद्धि होगी।

मैंने शांति आयोग में जज के पद पर कुछ अदालतों में न्यायपीठ पर बैठकर मामले सुने। लेकिन मैंने पाया कि आम कानून की जो जानकारी मुझे थी, उसकी अपेक्षा ज्यादा विस्तृत जानकारी इस पद पर कार्य करने के लिए आवश्यक थी। असेंबली में लेजिस्लेटर (विधायक) के पद पर अपेक्षाकृत ऊँचे कर्तव्यों का वहन करने का इच्छुक होने का बहाना बनाते हुए मैं इस कार्य से अलग हो गया। प्रतिवर्ष लगातार 10 वर्षों तक मेरा चुनाव इस पद के लिए निर्वाचकों से बिना मतदान की गुजारिश के होता रहा। मेरे बेटे को मेरी जगह हाउस में क्लर्क के पद पर नियुक्त कर दिया गया।

आगामी वर्ष में कार्लिजल्स में इंडियंस से एक संधि होने वाली थी। गवर्नर ने हाउस को संदेश प्रेषित किया कि इस उद्देश्य हेतु कुछ सदस्यों को काउंसिल के सदस्यों में शामिल करने के लिए नामांकित किया जाए। हाउस द्वारा स्पीकर मिस्टर नोरिस व मुझे चुना गया और काउंसिल में सम्मिलित होकर हम कार्लिजल्स चले गए, जहाँ हमने इंडियंस से मुलाकात व चर्चा की।

इंडियंस शराब के अत्यधिक आदी होते हैं एवं नशे की हालत में वे अत्यधिक लड़ाकू व अनुशासनहीन हो जाते हैं। संधि के दौरान हमने उन्हें शराब बेचे जाने पर कठोर प्रतिबंध लगा दिया। जब उन्होंने इस प्रतिबंध के विरुद्ध शिकायत की तो हमने उनसे संधि के दौरान अनुशासन व सभ्यता के दायरे में रहने के लिए कहा और इस कार्य के पूर्ण हो जाने पर उन्हें पर्याप्त शराब उपलब्ध कराने का आश्वासन दिया। उन्होंने हमारी बात मानने का वादा किया और निभाया भी। संधिवार्त्ता काफी सौहार्दपूर्ण वातावरण में संपन्न हुई।

सन् 1751 में मेरे एक खास मित्र थॉमस बॉण्ड ने फिलाडेल्फिया में गरीब व असहाय लोगों के इलाज हेतु एक अस्पताल स्थापित करने की बात सोची। यह श्रेय भले ही मुझे दिया जाता है, किंतु दरअसल यह उन्हें ही

मिलना चाहिए। वह इस उद्देश्य की पूर्ति हेतु चंदा प्राप्त करने में काफी उत्साही व सक्रिय थे। लेकिन चूँकि यह प्रस्ताव अमेरिका में बिलकुल अलग सा था, इसलिए इसे लोग समझ नहीं सके और उन्हें आंशिक सफलता ही प्राप्त हो सकी।

उसने मेरी तारीफ करते हुए मुझे बताया कि किसी सार्वजनिक योजना के कार्यान्वयन को बिना मेरे सहयोग के संपन्न किया जाना अत्यधिक कठिन है। "क्योंकि" उसने कहा, "जिनके पास भी मैं चंदा माँगने जाता हूँ, मुझसे प्राय: पूछा जाता है कि क्या मैंने इस विषय पर फ्रैंकलिन से बात की है ? और इस विषय पर उनकी क्या राय है ? और जब यह सोचते हुए कि यह तो तुम्हारे क्षेत्र से बाहर की बात है, मैं नकारात्मक उत्तर देता हूँ तो वे यह कहकर चंदा देने से इनकार कर देते हैं कि वे इस पर विचार करेंगे।"

मैंने उसकी योजना की प्रकृति एवं उसकी उपयोगिता के संबंध में उनसे बात की। उनके विवरण से काफी संतुष्ट होने के पश्चात् मैंने न केवल इस कार्य के लिए चंदा दिया अपितु अन्य लोगों से योगदान प्राप्त करने में मन लगाकर उनकी मदद की। परिणामस्वरूप चंदा काफी स्वतंत्रता व उदारता के साथ दिया गया। किंतु मैंने पाया कि बिना असेंबली के सहयोग के यह अपर्याप्त ही होगा, इसलिए मैंने इस मुद्दे को असेंबली में उठाया और असेंबली द्वारा अनुदान दिया जाना तय हो गया। सदस्यों ने प्रारंभ में इसमें यह कहकर रुचि नहीं दिखाई कि यह कार्य शहर के निवासियों के हित में है, इसलिए यह उनके सहयोग से ही संपन्न किया जाना चाहिए और नागरिक स्वयं इस कार्य के लिए स्वीकृति नहीं देंगे। इसके विरोध में मैंने यह कहा कि लोगों द्वारा इस कार्य हेतु 2,000 पौंड की राशि चंदे के रूप में दिए जाने से उनकी स्वीकृति स्वयमेव सिद्ध हो जाती है। इस पर मैंने अपनी एक योजना तैयार की, जिसे स्वीकार कर लिया गया। इस तरह शीघ्र ही चंदे की राशि आवश्यक राशि से काफी ज्यादा हो गई और हमने जो सार्वजनिक उपहार का दावा किया था वह हमें प्राप्त हो गया। जल्द ही एक सुविधा-संपन्न और खूबसूरत भवन का निर्माण किया गया। यह संस्थान तब से आज तक परिवर्तित होता रहा है। और मुझे याद नहीं है कि मेरी राजनीतिक चालों से प्राप्त

सफलताओं में मुझे कभी इतनी खुशी मिली है जितनी इस सफलता से मुझे प्राप्त हुई।

लगभग इसी समय गिलबर्ट नामक एक अन्य सामाजिक कार्यकर्ता नए सभा भवन के निर्माण हेतु चंदा इकट्ठा कराने में मेरी मदद हेतु अनुरोध करने के लिए मेरे पास आया। इस सभा भवन का उपयोग उन लोगों की सभाओं के लिए था, जो मिस्टर व्हाइटफील्ड के चेले थे। मैं बार-बार लोगों से चंदा इकट्ठा करने हेतु अनिच्छुक था, इसलिए मैंने साफ इनकार कर दिया। उसने तब मुझसे उदार व सार्वजनिक कार्यों के लिए उत्साही व्यक्तियों (जिन्हें मैं अपने अनुभव से जानता था) की एक सूची मुझसे प्राप्त करने की इच्छा प्रकट की। मैंने उसका यह प्रस्ताव भी अस्वीकार कर दिया, क्योंकि मुझे लगा कि उन्होंने चंदा देने हेतु कई प्रस्तावों को पहले ही स्वीकार किया था तथा अब और नए याचकों को उनके नाम बताकर मैं उन्हें परेशान नहीं करना चाहता था। तब उसने मुझसे इस मसले पर अपनी कम-से-कम सलाह देने के लिए कहा। इस पर मैंने कहा, ''यह काम मैं बड़ी तत्परता से करने के लिए तैयार हूँ। मैं तुम्हें सबसे पहली सलाह यह देता हूँ कि सबसे पहले उनसे मिलो, जो तुम्हें चंदा दे सकते हैं। तदुपरांत उनसे मिलो, जिनके योगदान देने पर तुम्हें अनिश्चय महसूस होता है कि वे तैयार होंगे या नहीं। इसके अलावा इन्हें उन व्यक्तियों की सूची भी दिखाओ जिन्होंने चंदा दिया है। और अंततः उन लोगों को भी उपेक्षित मत करो, जिनके बारे में तुम्हें 100 फीसदी यकीन है कि वे अपना योगदान देकर तुम्हारी मदद नहीं करेंगे; क्योंकि उनमें से कुछ के विषय में तुम्हारा आकलन गलत साबित हो सकता है।''

उसने हँसकर मुझे धन्यवाद दिया और कहा कि वह मेरी सलाह पर जरूर अमल करेगा। उसने ऐसा ही किया, क्योंकि उसने सभी से चंदे की गुजारिश की और उसकी प्रत्याशा से अधिक राशि उसे चंदे के रूप में प्राप्त हुई। इस राशि से उसने एक विशाल क्षमतावाला खूबसूरत सभा-भवन तैयार कराया, जो आर्च स्ट्रीट पर स्थित है।

कुछ समय के पश्चात् मैंने शहर की सड़कों पर पैदल पथ तैयार करने

का प्रस्ताव तैयार किया और इसे असेंबली में प्रस्तुत किया। यह मेरे इंग्लैंड जाने से पूर्व वर्ष 1757 की बात है। और जब तक मैं बाहर रहा, यह प्रस्ताव पारित नहीं हुआ। इसके बाद इसमें कुछ बदलाव के साथ, जो मेरी नजर में बेहतर नहीं थे, यह प्रस्ताव पारित हुआ। इसमें एक अतिरिक्त व्यवस्था सड़कों पर प्रकाश उपलब्ध कराने की भी जोड़ दी गई थी, जो एक बड़ा सुधार था। यह प्रेरणा स्वर्गीय जॉन क्लिफटन नामक व्यक्ति से मिली थी, जो अपने मकान के दरवाजे पर लैंप लटकाते थे। इसी से शहर को रात के दौरान प्रकाशित करने का विचार लोगों में आया। इस सार्वजनिक लाभ का श्रेय भी मुझे दिया गया है, किंतु वस्तुतः यह दरवाजे पर लैंप लटकाने की उन्हीं सज्जन की प्रेरणा का ही परिणाम है। मैंने भी उनका अनुसरण किया। इसमें मेरा योगदान मात्र लैंप की रचना में मेरे द्वारा किए गए परिवर्तन से जुड़ा है, जो कि हमारे द्वारा प्रारंभ में प्रयोग किए जानेवाले ग्लोब (गोल) लैंप, जिनकी आपूर्ति लंदन से की जाती थी, से भिन्न है। ये लैंप कुछ कारणों से उपयोग में असुविधाजनक थे—उनमें नीचे से हवा अंदर नहीं आती थी, जिससे धुआँ तेजी से ऊपर बाहर नहीं निकल पाता था और गोलाकार काँच के भीतर ही छाया रहता था, जिसके कारण प्रकाश का फैलाव अवरुद्ध हो जाता था। इसके अलावा धुएँ से काँच के भीतर कालिख जमा हो जाया करती थी, जिसे नियमित साफ किया जाना होता था। इसकी सफाई के दौरान अचानक झटका लगने से काँच टूट भी जाया करते थे। इसलिए मैंने इन्हें काँच के चार समतल टुकड़ों के समन्वय से बनाने का सुझाव दिया और इसके ऊपरी हिस्से पर धुआँकश लगाने तथा नीचे से हवा के प्रवेश हेतु सँकरी दरारें बनाने के लिए कहा ताकि धुआँ ऊपर उठ सके। इस तरह इन्हें साफ रखा जा सकता था और वे कुछ ही घंटों में लंदन से मँगाए जानेवाले लैंपों की तरह काले भी नहीं पड़ते और लगातार सुबह तक स्वच्छ प्रकाश बिखेरते रहते, और अचानक कभी झटका लगने से केवल एक ही काँच के टूटने की संभावना रहती थी, जिसकी आसानी से मरम्मत की जा सकती थी। अमेरिका के डाक महानिरीक्षक द्वारा कुछ समय तक कई डाकघरों के नियमन एवं संबंधित अधिकारियों के कार्यों की जाँच हेतु मुझे नियंत्रक के पद पर रखा गया। सन् 1753 में उनकी मृत्यु

के पश्चात् इंग्लैंड के डाक महानिरीक्षक के एक आयोग द्वारा संयुक्त रूप से मुझे एवं मिस्टर विलियम हंटर को उसकी जगह पदस्थ किया गया। अमेरिकी कार्यालय द्वारा अभी तक ब्रिटेन के कार्यालय को कुछ भी भुगतान नहीं किया गया था। हमें प्रतिवर्ष कार्यालय के लाभ से 600 पौंड की राशि प्राप्त होनी थी। इसके लिए विविध सुधारों की आवश्यकता थी। इनमें से कुछ तो शुरुआती तौर पर काफी खर्चीले थे। यही वजह थी कि प्रथम चार वर्षों में हमारे कार्यालय पर 900 पौंड का ऋण चढ़ गया। लेकिन शीघ्र ही इन सुधारों का फायदा हमें प्राप्त होना शुरू हो गया। और मंत्रियों की नाराजगी की वजह से मुझे पद से हटाए जाने के पूर्व (जिसकी चर्चा मैं इसके बाद करूँगा) हमने शासन को आयरलैंड के डाकघर की तुलना में तीन गुना राजस्व आय देना शुरू कर दिया। जबकि इस विवेकपूर्ण सौदे के पूर्व एक पाई का राजस्व भी शासन को यहाँ से प्राप्त नहीं होता था।

डाकघर के कामकाज के सिलसिले में इसी साल मुझे न्यू इंग्लैंड जाने का अवसर मिला। वहाँ कॉलेज ऑफ कैंब्रिज द्वारा मुझे मास्टर ऑफ आर्ट्स की डिग्री प्रदान कर सम्मानित किया गया। इसके पूर्व कानेक्टिकट के येल कॉलेज द्वारा भी यही सम्मान मुझे प्रदान किया गया था। इस तरह बगैर किसी महाविद्यालयीन अध्ययन के मुझे ये डिग्रियाँ प्राप्त हुईं। यह सम्मान नैचुरल फिलॉसफी की विद्युत् शाखा में मेरे द्वारा किए गए सुधारों एवं खोजों को दृष्टिगत रखते हुए दिया गया था।

सन् 1754 में फ्रांस के साथ युद्ध का खतरा पुनः मँडराने लगा। विभिन्न कॉलोनियों के आयुक्तों (कमिश्नरों) के एक समूह को लॉर्ड्स ऑफ ट्रेड के आदेशानुसार एलबेनी में 6 राष्ट्रों के प्रमुखों से उनके एवं हमारे देशों की सुरक्षा हेतु विचार-विमर्श करना था। इस आदेश की प्राप्ति के पश्चात् गवर्नर हैमिल्टन ने हाउस को इससे परिचित कराया और स्पीकर मिस्टर नोरिस व मुझे पेंसिल्वेनिया के कमिश्नर के तौर पर मिस्टर थॉमस पेन एवं सेक्रेटरी पीटर्स के साथ होने के लिए कहा। हाउस द्वारा हमारे कमिश्नर हेतु नामांकन को अनुमोदित कर दिया गया और लगभग मध्य जून में एलबेनी पहुँचकर हमने अन्य कमिश्नरों से मुलाकात की।

एलबेनी पहुँचने के दौरान मैंने सभी कॉलोनियों के संघ को एक ही शासन के अधीन लाने की योजना प्रस्तावित की तथा उसकी रूपरेखा तैयार कर ली, जिसमें सुरक्षा एवं उन्य उद्देश्यों को सम्मिलित किया गया था। न्यूयॉर्क से गुजरने के दौरान मैंने अपनी योजना मिस्टर जेम्स एलेक्जेंडर एवं मिस्टर केनेडी, जिन्हें सार्वजनिक क्षेत्र के कार्यों का अच्छा ज्ञान एवं अनुभव था, को दिखाई। उनका अनुमोदन मिलने के पश्चात् मैंने इसे कमिश्नरों की कांग्रेस के समक्ष प्रस्तुत किया। सबसे पहले यूनियन के निर्माण पर चर्चा हुई, जिसे सर्वसम्मति से स्वीकार कर लिया गया। तदुपरांत विभिन्न योजनाएँ एवं रिपोर्ट तैयार करने के लिए प्रत्येक कॉलोनी से एक-एक सदस्य को शामिल कर समिति का गठन किया गया।

इस संदर्भ में मेरे द्वारा तैयार की गई योजनाओं को कुछ संशोधन के साथ स्वीकार कर रिपोर्ट तैयार कर ली गई।

इस योजना के तहत आम सरकार का प्रशासन राजा (क्राउन) द्वारा पदस्थ एवं समर्थित प्रेसीडेंट जनरल द्वारा संचालित किया जाना था और विभिन्न कॉलोनियों के जन प्रतिनिधियों द्वारा अपनी-अपनी कॉलोनियों में ग्रांड काउंसिल का गठन किया जाना था। कमिश्नरों की कांग्रेस में प्रतिदिन इस मुद्दे पर बहस जारी रही, जिसमें कई कठिनाइयाँ एवं आपत्तियाँ सामने आईं, किंतु उन सभी का हल प्राप्त कर लिया गया। अंततः यह योजना सर्वसम्मति से स्वीकार कर ली गई और इसकी प्रतियाँ बोर्ड ऑफ ट्रेड एवं विभिन्न सूबों की असेंबलियों में भेज दी गईं। किंतु दुर्भाग्यवश असेंबलियों में इसे स्वीकार नहीं किया गया। इस अस्वीकृति की वजह यह बताई गई कि इसमें गलतियाँ हैं।

इसलिए बोर्ड ऑफ ट्रेड ने इसे स्वीकृत नहीं किया, न ही इसे क्राउन की सहमति हेतु अनुमोदित किया। इसके बदले इसी उद्देश्य की बेहतर पूर्ति हेतु एक अन्य योजना तैयार कर ली गई, जिसके तहत सभी सूबों के गवर्नरों को अपनी-अपनी काउंसिलों के सदस्यों के साथ मिलकर सैन्य टुकड़ियों व किला भवनों इत्यादि को तैयार करना एवं खर्च की राशि को ग्रेट ब्रिटेन के कोष से प्राप्त करने हेतु लिखना था।

बोस्टन में शीत ऋतु के प्रारंभ होने के पूर्व मैंने गवर्नर शिर्ले से दोनों योजनाओं पर विस्तृत चर्चा की। हमारे मध्य हुई चर्चा के मसौदे को उन कागजातों पर देखा जा सकता है। एकीकृत कॉलोनियाँ अपनी सुरक्षा करने के लिए समुचित शक्तिशाली थीं। अतः इसके लिए इंग्लैंड से सैन्य टुकड़ियाँ भेजे जाने की आवश्यकता नहीं थी। लेकिन ऐसी गलतफहमियाँ भी कोई नई नहीं हैं। राज्यों एवं राजाओं की ऐसी गलतियों से इतिहास भरा पड़ा है।

सामान्यतः व्यस्त शासक नई योजनाओं को हाथ में लेकर कार्यान्वित करना पसंद नहीं करते। इसीलिए सर्वोत्तम सार्वजनिक एहतियातों पर बहुत कम अमल किया जाता है; किंतु समय आने पर उन्हें मजबूरन अपनाना पड़ता है।

पेंसिल्वेनिया के गवर्नर ने इस योजना को असेंबली में भेजकर अपनी स्वीकृति जता दी। हाउस में मेरी अनुपस्थिति में किसी एक सदस्य की चालाकी से इस पर पुनः विवाद खड़ा कर दिया गया। यह मुझे उचित नहीं लगा और मैंने सतही तौर पर उसकी पुनर्विक्षा की।

इसी वर्ष अपनी बोस्टन यात्रा के दौरान न्यूयॉर्क में मैं अपने नए गवर्नर मिस्टर मोरिस से मिला। उनसे पहले ही मेरा अच्छा परिचय था। उन्होंने मिस्टर हैमिल्टन को हटाने के लिए एक आयोग गठित किया था। परिणामस्वरूप उन्हें त्यागपत्र देना पड़ा। मिस्टर मोरिस ने मुझसे पूछा कि क्या मेरा यह सोचना है कि उनका प्रशासन असुचारु रहेगा? मैंने कहा, "नहीं, अपितु आपका प्रशासन काफी सुचारु हो सकता है, बशर्ते आप असेंबली के किसी विवाद में न पड़ें।" उन्होंने मुसकराते हुए कहा, "मित्र, तुम यह मशवरा कैसे दे सकते हो कि मैं विवादों से अलग रहूँ? तुम तो जानते हो कि विवादों में उलझना मुझे पसंद है और यह मेरी बड़ी खुशियों में एक है। किंतु तुम्हारी सलाह पर अमल करते हुए मैं तुमसे वादा करता हूँ कि मैं उन्हें टालने का प्रयास करूँगा।" उसके विवाद के प्रति लगाव का एक कारण यह था कि कुशल वक्ता, बारीकियाँ समझने में समर्थ था और इसीलिए तर्क-वितर्क के वार्त्तालाप में सफल भी रहता था।

न्यूयॉर्क लौटने पर मैंने असेंबली में विभिन्न मतों की जानकारी ली,

जिससे यह लगा कि मुझसे किए गए वादे के बावजूद हाउस के साथ उनके काफी विवाद थे। एवं उनके कार्यकाल की समाप्ति तक हाउस एवं उनके मध्य विवाद लगातार जारी रहा। उनके साथ विवाद में मेरा भी हिस्सा रहा। असेंबली में ज्यों ही मैंने अपनी कुरसी सँभाली, मुझे उनके भाषणों एवं संदेशों का जवाब देने के लिए हरेक समिति में रखा जाने लगा। और समितियाँ हमेशा ही मुझसे लिखित जवाब तैयार करने के लिए कहा करतीं।

हमारे जवाब और उनके संदेश प्रायः अभद्र और यदा-कदा अश्लील भाषा में हुआ करते थे। और चूँकि उन्हें यह जानकारी थी कि मैं असेंबली की ओर से लिखता हूँ तो आप सोच सकते हैं कि हमारी मुलाकात के दौरान हम दोनों के बीच कितनी वैमनस्यता रहा करती रही होगी। किंतु ऐसा कभी नहीं हुआ। वे इतने सज्जन प्रकृति के व्यक्ति थे कि हमारी मुलाकात के दौरान व्यक्तिगत मतभेदों पर कभी बहस नहीं हुई और हमने साथ-साथ भोजन किया।

गवर्नर मोरिस के प्रशासन के दौरान कुछ और घटनाएँ हुईं, जिनकी चर्चा यहाँ की जानी चाहिए।

एक तरह से फ्रांस के साथ युद्ध की शुरुआत हो चुकी थी। मैसाचुसेट्स बे की सरकार द्वारा क्राउन पॉइंट पर आक्रमण करने की योजना बनाई गई और मिस्टर क्विंसी को पेंसिल्वेनिया एवं मिस्टर पॉनाल को गवर्नर पॉनाल के बाद न्यूयॉर्क सहायता प्राप्त करने के लिए भेजा गया। मैंने उन्हें संबोधित किए जाने के लिए उनके (मिस्टर मोरिस के) लिए स्पीच तैयार की, जिसे अच्छा प्रत्युत्तर प्राप्त हुआ। 10,000 पौंड की सहायता राशि दिए जाने का प्रस्ताव पारित हुआ। किंतु गवर्नर द्वारा इस प्रस्ताव को स्वीकृति दिए जाने से इनकार कर दिया गया। मिस्टर क्विंसी ने गवर्नर से स्वीकृति प्राप्त करने का काफी प्रयास किया, किंतु वे अपनी जिद पर अड़े रहे।

तब मैंने गवर्नर की सहमति के बिना यह काम किए जाने का एक तरीका सुझाया। यह लोन ऑफिस के न्यासधारियों को आदेशित करके किया जा सकता था और असेंबली इसके लिए कानूनन सक्षम थी। उस समय वस्तुतः लोन ऑफिस में रकम नहीं के बराबर थी। इसलिए मैंने यह

प्रस्ताव रखा कि रकम का भुगतान एक साल के दौरान किया जाए, जिस पर 5 फीसदी की दर से ब्याज देय था। असेंबली द्वारा बेहिचक इस प्रस्ताव को स्वीकार कर लिया गया। आदेश को तुरंत मुद्रित कराया गया और समिति के सदस्यों (जिसमें एक मैं स्वयं था) से इसे हस्ताक्षरित करा लिया गया। इस तरह यह महत्त्वपूर्ण कार्य मेरे प्रयास से संपन्न हुआ। मिस्टर क्विंसी असेंबली के सहयोग से अपने दूतावास को प्राप्त सफलता के कारण खुशी-खुशी लौट गए और इसके पश्चात् उनके साथ मेरी सौहार्दपूर्ण मित्रता कायम रही।

एल्बेनी में प्रस्तावित कॉलोनियों के संगठन को ब्रिटिश सरकार द्वारा यह सोचकर स्वीकृति नहीं दी गई कि यूनियन की सुरक्षा संबंधी आवश्यकताओं की पूर्ति होने से कहीं वहाँ ज्यादा सैन्य जमावड़ा न हो जाए। इसलिए ब्रिटिश सरकार ने जनरल ब्रेडॉक को नियमित अंग्रेजी सैन्य टुकड़ियों की दो रेजीमेंटों के साथ वहाँ भेजा। वह वर्जीनिया के एलेक्जेंड्रिया पहुँचा और वहाँ से मेरीलैंड के फ्रेडरिक टाउन की ओर कूच कर दिया, जहाँ वह वाहनों की प्राप्ति हेतु ठहर गया। कुछ गुप्त सूचनाओं से हमारी असेंबली को यह आशंका हुई कि उनके प्रति उसके मन में हिंसात्मक पूर्व धारणा थी। इसलिए असेंबली द्वारा मुझे असेंबली के सदस्य के बदले एक डाक महानिरीक्षक की हैसियत से उसका आतिथ्य करने के लिए कहा गया। इस दौरान मेरे बेटे को भी मेरे साथ भेजा गया।

हम फ्रेडरिक टाउन में जनरल से मिले, जहाँ वह अधीरतापूर्वक उन लोगों का इंतजार कर रहा था, जिन्हें उसने वाहन इकट्ठा करने के लिए मेरीलैंड और वर्जीनिया भेजा था। मैं कई दिनों तक उसके साथ ठहरा रहा और उसकी उन पूर्व धारणाओं को समाप्त करने का प्रयास करता रहा, जिसकी जानकारी असेंबली को प्राप्त गुप्त सूचनाओं के आधार पर लगी थी।

मेरे वहाँ से लौटते समय वे गाड़ियाँ भी आ चुकी थीं, जिनका वह बेसब्री से इंतजार कर रहा था और जिनकी सहायता से वह अपना ऑपरेशन चलाना चाहता था। उन गाड़ियों की संख्या मात्र 25 रही थी और वे भी चालू हालत में नहीं थीं। यह देखकर जनरल व सभी सैन्य अधिकारी हतप्रभ रह गए।

उन्होंने इस सैनिक अभियान को समाप्त घोषित कर उन मंत्रियों के खिलाफ विस्मय व्यक्त करते हुए कहा कि उन्हें अनजाने में ऐसी जगह रख दिया गया था, जहाँ उनके संगृहीत सामानों को ले जाने की व्यवस्था नहीं थी और जिसके लिए कम-से-कम 150 मालवाहक गाड़ियों की आवश्यकता थी।

मैंने अपनी राय व्यक्त करते हुए कहा कि इससे बेहतर तो उन्हें पेंसिल्वेनिया में ठहरा देना था, क्योंकि वहाँ प्रत्येक किसान के पास उसकी स्वयं की मालवाहक गाड़ी है। जनरल ने तुरंत ही मेरी बात को पकड़ लिया और कहा, ''तो श्रीमान, आप शायद वहाँ की मालवाहक गाड़ियों को उपलब्ध करा सकते हैं। मैं आपसे इस कार्य की जिम्मेदारी लेने का अनुरोध करता हूँ।'' तब मैंने उससे यह पूछा कि मालवाहक गाड़ियों के मालिकों को किन शर्तों पर राजी किया जाए? मैं उन शर्तों को लिखित रूप में प्राप्त करना आवश्यक समझता था। वे इस बात के लिए तैयार हो गए और अति शीघ्र कुछ निर्देश तैयार किए गए। उन शर्तों को मैंने लंथेस्टर लौटकर एक विज्ञापन में प्रकाशित कराया, जिसका अच्छा-खासा प्रभाव पड़ा।

मुझे जनरल द्वारा लगभग 800 पौंड की रकम मालवाहक गाड़ियों के मालिकों को अग्रिम भुगतान हेतु उपलब्ध कराई गई। लेकिन उक्त राशि के अपर्याप्त होने के कारण मैंने 200 पौंड और ले लिये। और दो सप्ताह के भीतर 259। बोझ ढोनेवाले घोड़ों के साथ 150 मालवाहक गाड़ियाँ सैनिक खेमे की तरफ चल पड़ीं। मालवाहक गाड़ियों के मालिकों ने जनरल ब्रेडॉक को न जानने की बात कहते हुए भुगतान इत्यादि बातों पर मेरी गारंटी चाही, जो मैंने उन्हें दे दी।

एक दिन बातचीत के दौरान वह मुझे अपनी वांछित सफलता का विवरण दे रहा था। उसने कहा, ''फोर्ट डकेस्ने जाने के पश्चात् मुझे नियाग्रा प्रस्थान करना है।'' मैंने उसे सचेत किया कि उसके इस 4 मील लंबे पंक्तिबद्ध सैनिक कूच में इंडियंस द्वारा घात लगाकर हमला करने का डर है। वे लगातार अभ्यास से इस तरह के हमले को सफलतापूर्वक अंजाम देने में काफी कुशल हैं।

उसने मेरी अनभिज्ञता पर मुसकराते हुए कहा, ''ये जंगली यकीनन

तुम्हारी अकुशल अमेरिकी सेना के लिए खतरा पैदा कर सकते हैं; लेकिन श्रीमान, राजा की इस अनुशासित व प्रशिक्षित नियमित सेना पर असर डालना उनके लिए असंभव है।'' मैंने एक सैनिक से उसके व्यावसायिक कार्य पर विवाद करने की धृष्टता न करते हुए चुप रहना ही बेहतर समझा। दुश्मन ने हालाँकि जैसा मुझे डर था, उस तरीके से आक्रमण नहीं किया। उन्होंने लगभग 9 मील तक सेना की लंबी पंक्ति को बिना किसी गतिरोध के जाने दिया। और जैसे ही जंगल का अपेक्षाकृत अधिक खुला भाग प्रारंभ हुआ, उन्होंने सेना के अगले हिस्से पर पेड़ों व झाड़ियों के पीछे छुपकर जमकर गोलियाँ बरसानी शुरू कर दीं। दुश्मन के नजदीक होने की यह पहली जानकारी जनरल को मिली। इस हिस्से के तितर-बितर होने के कारण जनरल ने सैन्य टुकड़ियों को उनकी सहायता के लिए भेजा। मालवाहक गाड़ियों, साज-सामान और जानवरों के कारण यह काफी उलझन में हुआ। और देखते-ही-देखते दुश्मन की ओर से गोलीबारी और तेज हो गई। सेना के अधिकारी घोड़ों पर सवार होने के कारण आसानी से पहचाने एवं निशाने पर लाए जा सकते थे। वे तेजी से जमीन पर गिरने लगे। सभी सैनिक एक झुंड में एकत्र होने लगे। उन्हें न तो किसी आदेश की परवाह थी, न अनुशासन की। उनकी संख्या में दो-तिहाई के बराबर कमी आने तक वे गोलियों के शिकार होते रहे। और तभी भयाक्रांत होकर सभी भाग खड़े हुए। प्रत्येक मालवाहक गाड़ीवान ने अपनी-अपनी गाड़ियों के घोड़ों में से एक-एक घोड़ा निकाला और उस पर सवार होकर भाग खड़े हुए। और सामान का भंडार दुश्मनों के लिए वहीं पड़ा रह गया। जनरल घायल हो चुका था और बड़ी कठिनाई से उसे वहाँ से ले जाया गया। उसका सचिव मिस्टर शिर्ले उसके बाजू में ही मृत पड़ा हुआ था। कुल 86 सैन्य अधिकारियों में से 63 मारे गए या घायल हो गए तथा 1,100 सैनिकों में से 714 मारे गए। और शेष कर्नल इनबार के साथ पीछे छूट गए, जो भंडार एवं साज-सामान के अपेक्षाकृत भारी हिस्से के साथ चल रहा था। दुश्मन तभी उनके खेमे में पहुँच गया और उन्हें देखकर वह तथा उसके सैनिक घबरा गए। हालाँकि उसके साथ 1,000 जवान थे, जबकि दुश्मनों की संख्या, जिसमें इंडियंस

और फ्रांसीसी दोनों सम्मिलित थे, 400 से ज्यादा नहीं थी। उनका सामना करने के बजाय इनबार ने सारे भंडार एवं आयुध सामग्री को नष्ट करने का आदेश दे दिया, ताकि बस्तियों तक भागने के लिए उन्हें ज्यादा-से-ज्यादा घोड़े मिल सकें। वहाँ वर्जीनिया, मेरीलैंड और पेंसिल्वेनिया के गवर्नरों ने उससे उसकी सैनिक टुकड़ियों को तैनात करने के लिए कहा, ताकि वहाँ के निवासियों की सुरक्षा हो सके। लेकिन वह हड़बड़ी में सभी राज्यों से होता हुआ आगे निकल गया। फिलाडेल्फिया पहुँचने तक उसने स्वयं को सुरक्षित नहीं समझा, क्योंकि वहाँ के निवासी उसकी सुरक्षा कर सकते थे। इन सभी घटनाक्रम से हम अमेरिकियों में ब्रिटिश शासन के नियमित सैनिकों की बहादुरी के प्रति पहला संदेह उत्पन्न हुआ।

सेक्रेटरी के कागजात, जिसमें जनरल के सभी आदेश, निर्देश और पत्राचार सम्मिलित थे, दुश्मनों के हाथ लग गए। उन्होंने उनमें से अनेक लेखों को चुनकर फ्रेंच भाषा में अनूदित कर युद्ध की घोषणा के पूर्व ही ब्रिटिश सरकार का बैर-युक्त इरादा सिद्ध करने का प्रयास किया। इन लेखों में मैंने जनरल द्वारा मंत्रालय को लिखे गए कुछ पत्र देखे, जिनमें उसने मेरे द्वारा सेना को प्रदान की गई सेवाओं की बड़ाई की थी। किंतु यह सैनिक अभियान दुर्भाग्यपूर्ण होने के कारण मुझे लगता है कि मेरी सेवा को ज्यादा मूल्यवान् नहीं समझा गया। जैसे ही मालवाहक गाड़ियों और घोड़ों के नुकसान की खबर फैली, सभी मालवाहक गाड़ियों एवं घोड़ों के मालिक क्षतिपूर्ति प्राप्त करने के लिए मेरे पास आने लगे, क्योंकि मैंने उन्हें इस बात की गारंटी दे रखी थी। उनकी माँगों की वजह से मुझे काफी तकलीफ हुई। मैंने उनसे कहा कि उनका पैसा भुगतानकर्ता के पास तैयार रखा हुआ है; किंतु इस भुगतान हेतु जनरल शिर्ले से आदेश प्राप्त करना जरूरी है। मैंने उन्हें यह भी विश्वास दिलाया कि मैंने उस जनरल को पत्र लिखा है, लेकिन दूर होने के कारण उससे शीघ्र ही जवाब प्राप्त नहीं हो पा रहा है। इसलिए उन्हें धैर्य से काम लेना होगा। मेरे इस प्रकार समझाने से वे संतुष्ट नहीं हुए और उनमें से कुछ ने मेरे खिलाफ मुकदमा दायर कर दिया। जनरल शिर्ले ने इस विकट स्थिति से मुझे उबारने के लिए दावों की जाँच और भुगतान हेतु एक आयोग की नियुक्ति कर

दी। इस दावे की रकम लगभग 20,000 पौंड के करीब थी, जिसका यदि भुगतान करना पड़ता तो मैं बरबाद ही हो जाता।

गवर्नर मोरिस ने ब्रेडोक की पराजय से पूर्व ही असेंबली को संदेश पर संदेश देकर परेशान कर रखा था। वह सदस्यों को सूबे की रक्षा के लिए बिना कराधान के ही पैसा इकट्ठा करने के कार्य में उन्हें हराना चाहता था। उसने अपना आक्रामक रवैया दोगुना कर दिया था। किंतु असेंबली में लगातार दृढ़ता बरकरार थी। उनका मानना था कि न्याय उनके पक्ष में है और यदि उनके मुद्रा प्रस्तावों में गवर्नर द्वारा संशोधन किया जाता है तो यह उनके प्रमुख अधिकार का हनन होता। उसके संशोधन में आमूलचूल परिवर्तन थे। किंतु इस बात की खबर जब इंग्लैंड पहुँची तो वहाँ हमारे मित्रों ने, जिन्हें हम तत्परता से गवर्नर के संदेशों के लिए असेंबली द्वारा दिए गए जवाबों की जानकारी देते रहे थे, इसका विरोध किया।

सन् 1746 में मैं बोस्टन में था। वहाँ मैं किसी डाक्टर स्पेंस से मिला, जो हाल ही में स्कॉटलैंड से वहाँ आए थे। उन्होंने मुझे विद्युत् में कुछ प्रयोग दिखलाए। इन्हें पूर्णता के साथ संपन्न नहीं किया गया था, क्योंकि वह इसमें बहुत कुशल नहीं थे; लेकिन चूँकि यह विषय मेरे लिए बिलकुल नया था, इसलिए इन प्रयोगों को देखकर मुझे ताज्जुब भी हुआ और खुशी भी हुई। मेरे फिलाडेल्फिया लौटने के शीघ्र बाद हमारी लाइब्रेरी कंपनी को मिस्टर पी. कोलिंसन से 'फेलो ऑफ द रॉयल सोसायटी ऑफ लंदन' प्राप्त हुई। मैंने बड़ी उत्सुकता से इस अवसर को उन प्रयोगों का प्रदर्शन करने के लिए ग्रहण किया, जो मैंने बोस्टन में देखे थे। इसके अलावा काफी अभ्यास करके मैंने उन प्रयोगों का प्रदर्शन करने में कुशलता प्राप्त कर ली, जिनके विषय में हमने लंदन में सुना था और उनमें कुछ नए प्रयोग भी हमने जोड़ दिए। मेरे काफी अभ्यास करके कहने का तात्पर्य यह है कि कुछ समय के लिए मेरा घर लगातार ऐसे लोगों से भरा रहता था, जो इन नए आश्चर्यों (प्रयोगों) को देखने के लिए इकट्ठे होते थे।

मिस्टर पी. कोलिंसन ने हमें एक ट्यूब और उसके प्रयोग में लाए जाने के कुछ विवरण दिए थे। मैंने ऐसी ही अनेक ट्यूब अपने ग्लास-हाउस में

तैयार कर लीं और अपने उन मित्रों में उन्हें वितरित कर दिया, जिनके द्वारा मैं यह प्रयोग कराना चाहता था। इन मित्रों में सबसे खास थे मिस्टर किन्नर्सले, जो मेरे पड़ोसी थे। चूँकि उनके पास कोई काम नहीं था, इसलिए मैंने उन्हें पैसे लेकर लोगों को प्रयोगों का प्रदर्शन करने के लिए तैयार कर लिया। मैंने उनके लिए दो व्याख्यान तैयार कर दिए, जिनमें इन प्रयोगों को अच्छी तरह क्रमबद्ध रखा गया था। उसने इस काम के लिए अच्छा मंत्र खोज लिया, जिसमें मेरे द्वारा निर्मित छोटी-छोटी मशीनों को काफी व्यवस्थित ढंग से जमा लिया गया था। उसके व्याख्यान को बहुत से लोगों द्वारा संतुष्टिपूर्वक सुना जाता था। कुछ समय के पश्चात् उसने विभिन्न कॉलोनियों के प्रमुख शहरों में घूम-घूमकर इन प्रयोगों के प्रदर्शन से काफी दौलत हासिल की।

हम मिस्टर कोलिंसन द्वारा प्रदत्त ट्यूब इत्यादि के लिए उनके अनुगृहीत थे। मैंने सोचा कि हमें इसके (ट्यूब) प्रयोग में मिली सफलता के विषय में उन्हें सधन्यवाद सूचित करना चाहिए। इसलिए मैंने अपने प्रयोगों से संबंधित विवरणों का समावेश करते हुए उन्हें कई पत्र लिखे। उन्होंने उन पत्रों को रॉयल सोसाइटी में पढ़कर सुनाया, जिसे उनके जर्नल *'ट्रांजेक्शन'* में प्रकाशित कराने लायक नहीं समझा गया। एक अन्य पत्र, जिसे मैंने मिस्टर किंसरले के लिए 'लाइटनिंग विद इलेक्ट्रीसिटी' पर डॉक्टर मिशेल को लिखा था। वे मेरे परिचितों में से एक थे और रॉयल सोसाइटी के सदस्य भी थे। उन्होंने मुझे पत्र लिखकर बताया कि इसे पढ़कर सुनाया गया था, लेकिन विशेषज्ञों द्वारा उसकी हँसी उड़ाई गई थी। किंतु उसी पत्र को डॉक्टर फादरगिल को दिया गया तो उन्होंने उसे काफी मूल्यवान् बताते हुए उसे मुद्रित कराने के लिए कहा। तदुपरांत मिस्टर कॉलिंसन ने उसे *'जेंटलमैन'* मैगजीन में प्रकाशनार्थ कैव को दे दिया, जिसने उन्हें अलग से पैंफलेट में प्रकाशित करने हेतु सोचा। इस पत्र की प्रस्तावना डॉ. फादरगिल ने लिखी। लगता है, कैव का यह निर्णय इसके फायदे के लिए ही था, क्योंकि आगे के पाँच संस्करणों में होनेवाली वृद्धि से यह आकार में एक ग्रंथ का ही रूप लेने लगा।

मैसर्स डालिवार्ड एवं डि लोर द्वारा मार्लि में बादलों से विद्युत लाए जाने के प्रस्तावित प्रयोग की सफलता के कारण मेरी पुस्तक को अचानक काफी

सफलता अर्जित हुई। इस प्रयोग ने सभी स्थानों पर लोगों का ध्यान अपनी ओर खींचा। डि लोर, जिसके पास इस प्रयोग के लिए आवश्यक यंत्र इत्यादि थे और जो विज्ञान की इस शाखा पर व्याख्यान दिया करता था, ने इस प्रयोग (जिसे उसने फिलाडेल्फिया एक्सपेरिमेंट कहा) को पुनः दोहराने की जिम्मेदारी ली। और जब राजा एवं दरबार के समक्ष इस प्रयोग को संपादित किया गया तो पेरिस के सभी उत्सुक लोग इसे देखने के लिए पहुँचे। इस महान् प्रयोग की चर्चा अब मैं ज्यादा कथनात्मक शैली में नहीं करूँगा, न ही उस अनंत खुशी की चर्चा करूँगा, जो कि फिलाडेल्फिया में किए गए इस प्रयोग में पतंग के प्रयोग से मुझे मिली; क्योंकि दोनों ही प्रयोगों को विस्तारपूर्वक विद्युत् के इतिहास में पढ़ा जा सकता है।

एक अंग्रेज चिकित्सक डॉक्टर राइट ने अपने पेरिस प्रवास के दौरान उनके एक मित्र (जो रॉयल सोसाइटी से जुड़े थे) को विदेशों में विद्वानों के बीच मेरे प्रयोगों को मिली ऊँची ख्यातियों के विषय में लिखा, जिसमें उन्होंने इंग्लैंड में मेरे लेखों पर ध्यान न दिए जाने पर आश्चर्य भी व्यक्त किया। इस पर सोसाइटी ने मेरे पत्रों पर पुनर्विचार किया और डॉक्टर वाटसन ने उनका सारांश तैयार किया, जिसे मैंने बाद में इंग्लैंड भेज दिया। इस सारांश को तदुपरांत *'ट्रांजेक्शन'* में प्रकाशित किया गया। सोसाइटी के कुछ सदस्यों विशेषकर मिस्टर कैंटन ने बादलों से एक नुकीले तार की मदद से विद्युत् प्राप्त करने के मेरे प्रयोम को सत्यापित किया और मेरी पूर्व में मिली सतही सफलता की गहराई प्रमाणित हो सकी। मुझे बिना किसी आवेदन के सदस्य चुन लिया गया और पारंपरिक रूप से भुगतान किए जानेवाले शुल्क (लगभग 20 गिनी) से मुझे मुक्त रखा गया और तभी से मेरे कार्यों को *'ट्रांजेक्शन'* में निःशुल्क स्थान मिला। उन्होंने सर गॉडफ्रे कॉप्ले के स्वर्ण पदक से सन् 1753 में मुझे सम्मानित किया, जिसे प्रदान किए जाने के दौरान प्रेसीडेंट लॉर्ड मैकलीज फील्ड के जोरदार भाषण में भी मेरी भूरि-भूरि प्रशंसा की गई।

हमारे नए गवर्नर कैप्टन डैनी ने भी उक्त चर्चित मेडल को रॉयल सोसाइटी से प्राप्त कर एक मनोरंजन कार्यक्रम के दौरान मुझे प्रदान किया। भोजन के उपरांत जब पारंपरिक शराब का दौर चल रहा था, वे मुझे एक दूसरे

कमरे में ले गए और मुझे बताया कि इंग्लैंड में उनके मित्रों द्वारा उन्हें मुझसे दोस्ती करने की सलाह दी गई थी, क्योंकि (जैसा उसे बताया गया था) मैं ही एक ऐसा व्यक्ति था, जो उन्हें सर्वोत्तम मशविरा दे सकता था और उनके प्रशासन को प्रभावपूर्ण ढंग से सरल बनाने में उनकी मदद कर सकता था। उन्होंने मुझे उनके कार्यकाल के दौरान हर संभव मदद करने की पेशकश की। इधर लोगों ने जब देखा कि हम इतनी देर तक नहीं लौटे थे तो उन्होंने हमारे लिए शराब भिजवाई, जिसे गवर्नर ने छककर पिया और शराब के अनुपात में ही उन्होंने मुझसे वादा लेने एवं स्वयं मुझसे वादा करने में बुरी तरह जुट गए।

मुझे न्यूयॉर्क में रोके जाने के दौरान (जिसकी चर्चा मैंने पहले भी की है) जो मैंने ब्रैडोक की सहायता के लिए प्रदान किए थे, उन सभी चीजों का हिसाब प्राप्त हो गया। मैंने इस हिसाब को लॉर्ड लाउडन के समक्ष प्रस्तुत कर दिया, ताकि उनके भुगतान के अलावा शेष राशि का भुगतान कर दिया जाए। उसने इस हिसाब की सक्षम अधिकारी से नियमित जाँच कराई, जिसने सभी वस्तुओं का मिलान उनके बिलों से करने के उपरांत उन्हें सही प्रमाणित किया और इसके शेष के भुगतान का आदेश जारी कर दिया। किंतु इसका भुगतान समय-समय पर स्थगित किया जाता रहा। हालाँकि मैंने कई बार संबंधित अधिकारी से मुलाकात करके इसकी माँग की, लेकिन मैं सफल नहीं हो सका। मेरे वहाँ से जाने के पूर्व उसने मुझसे कहा, "जब तुम इंग्लैंड पहुँचोगे तो ट्रेजरी में अपना हिसाब प्रस्तुत करने पर शीघ्र ही तुम्हें भुगतान प्राप्त हो जाएगा।"

शीघ्र ही मैं अपने बेटे के साथ लंदन की यात्रा पर चल पड़ा। रास्ते में यात्रा के दौरान सालिस्बेरी प्लेन पर स्टोनहेंज एवं लॉर्ड पेम्ब्रोक का मकान और बगीचे एवं विल्टन में उसकी प्राचीन महत्त्व की वस्तुएँ देखने के लिए रुके। 27 जून, 1775 को हम लंदन लौट आए।

इसके बाद विलियम टेंपल फ्रैंकलिन एवं उनके उत्तराधिकारियों द्वारा प्रकाशित आत्मकथा पूर्ण हो जाती है।

□

फ्रैंकलिन के जीवन की प्रमुख घटनाएँ

- 1706 – बोस्टन में जन्म व ओल्ड साउथ चर्च में बपतिस्मा।
- 1714 – आठ वर्ष की उम्र में ग्रामर स्कूल में दाखिला।
- 1716 – चरबी से मोमबत्ती इत्यादि व्यापार में पिता के सहायक बने।
- 1718 – धाई जेम्म के मुद्रण व्यवसाय में प्रशिक्षु।
- 1721 – गाथा काव्य रचना करके उन्हें मुद्रित रूप में सड़कों पर बेचना, गुमनाम तौर पर 'न्यू इंग्लैंड कोरेंट' में लेख लिखना। अस्थायी रूप से उक्त अखबार का संपादन, स्वतंत्र विचारधारा अपनाना व शाकाहार प्रारंभ करना।
- 1723 – मुद्रण व्यवसाय में प्रशिक्षु का इकरारनामा भंग कर फिलाडेल्फिया के लिए रवाना, कीमर के मुद्रणालय में नौकरी पाना, शाकाहार त्यागना।
- 1724 – गवर्नर कीथ द्वारा स्वतंत्र व्यवसाय प्रारंभ करने के लिए मनाया जाना, अक्षर टाइप खरीदने के लिए लंदन जाना, वहाँ अपने व्यवसाय में कार्यरत होकर 'डिर्जटेशन ऑन लिबर्टी एंड नेसेसिटी', 'प्लीजर एंड पेन' का प्रकाशन।
- 1726 – फिलाडेल्फिया लौटना। ड्राई गुड स्टोर में क्लर्क के रूप में कार्य करने के पश्चात् कीमर के मुद्रणालय में प्रबंधक का कार्य करना।
- 1727 – द 'जंटो' या 'लेदर ऐप्रॉन' क्लब की स्थापना।

- 1728 – हग मेरेडिथ के साथ साझेदारी में मुद्रणालय प्रारंभ करना।
- 1729 – पेंसिल्वेनिया गजट का स्वामी व संपादक बनना।
- 1730 – रेबेका रीड से विवाह।
- 1731 – फिलाडेल्फिया लाइब्रेरी की स्थापना।
- 1732 – 'पुअर रिचर्ड एकमानक' को रिचर्ड साउंडर्स छद्म नाम से प्रकाशित करना।
- 1736 – जनरल असेंबली में क्लर्क के पद पर चुना जाना।
- 1737 – असेंबली के सदस्य निर्वाचित व डिप्टी पोस्टमास्टर जनरल के पद पर नियुक्ति। सिटी पुलिस की योजना।
- 1738 – फ्रेंच, इटैलियन, स्पेनिश व लैटिन भाषाओं का अध्ययन।
- 1742 – ओपन/फ्रैंकलिन स्टोव का आविष्कार।
- 1743 – एक अकादमी की स्थापना की योजना प्रस्तावित करना।
- 1744 – अमेरिकन फिलॉसोफिकल सोसाइटी की स्थापना ।
- 1746 – अनुशासित सुरक्षा की आवश्यकता हेतु 'प्लेन ट्रुथ' शीर्षक से एक पैंफलेट का प्रकाशन एवं एक मिलिटरी कंपनी का निर्माण। विद्युतीय प्रयोग की शुरुआत।
- 1748 – स्वयं के मुद्रण व्यवसाय को बेचना, शांति आयोग के सदस्य के रूप में नियुक्ति, कॉमन काउंसिल व असेंबली में चुने गए।
- 1749 – इंडियंस के साथ वार्त्तालाप हेतु कमिश्नर चुने गए।
- 1751 – एक अस्पताल की स्थापना में मदद जुटाना ।
- 1752 – पतंग से विद्युतीय प्रयोग द्वारा तड़ित को विद्युतीय प्रवाह सिद्ध करना।
- 1753 – अपनी खोज के लिए काप्ले मेडल से सम्मानित व रॉयल सोसाइटी के सदस्य निर्वाचित। येल व हार्वर्ड विश्वविद्यालय से एम.ए. की डिग्री प्राप्त करना, जॉइंट पोस्टमास्टर जनरल पद पर नियुक्ति।
- 1754 – एलबेनी में संपन्न कॉलोनियल कांग्रेस हेतु पेंसिल्वेनिया से नियुक्त कमिश्नर दल में शामिल।

- 1755 – ब्रेडोक की सेना को निजी तौर पर मालवाहक गाड़ियाँ एवं रसद उपलब्ध कराने में मदद।
- 1757 – फिलाडेल्फिया में सड़कों के निर्माण हेतु एक प्रस्ताव लाना। 'वे टू वेल्थ' का प्रकाशन। स्वायत्तधारियों के खिलाफ असेंबली द्वारा उठाए गए कदमों की दलील देने इंग्लैंड गए। पेंसिल्वेनिया के एजेंट बने रहे। राज्य के वैज्ञानिक एवं साहित्यिक वर्ग से मित्रता।
- 1760 – एक समझौते के तहत प्रिवी काउंसिल से लोक राजस्व में स्वायत्तधारी रियासतों के अनुदान से संबंधित निर्णय पारित करना।
- 1762 – ऑक्सफोर्ड और एडिनबर्ग विश्वविद्यालय से एल–एल.डी. की डिग्री प्राप्त करना।
- 1763 – डाकघरों की कार्य–प्रणालियों के निरीक्षण हेतु नॉदर्न कॉलोनीज में पाँच महीने तक भ्रमण।
- 1764 – असेंबली में पुनर्निर्वाचन हेतु पेन दल को मात देना, पेंसिल्वेनिया के एजेंट के रूप में इंग्लैंड भेजे गए।
- 1765 – स्टैंप्ट एक्ट के पारित होने को रोकने हेतु प्रयास।
- 1766 – स्टैंप्ट एक्ट के पारित होने के संबंध में हाउस ऑफ कॉमन्स के समक्ष परीक्षण, मैसाचुसेट्स, न्यूजर्सी और जॉर्जिया के एजेंट नियुक्त, कारिंजेन विश्वविद्यालय जाना।
- 1767 – फ्रांस यात्रा व अदालत के समक्ष उपस्थित।
- 1769 – हार्वर्ड कॉलेज के लिए एक टेलिस्कोप का प्रबंध किया।
- 1772 – फ्रेंच एकेडमी के एसोसिएट सदस्य चुने गए।
- 1774 – पोस्टमास्टर जनरल के पद से हटाए गए।
- 1775 – अमेरिका वापसी, सेकंड कॉण्टिनेंटल कांग्रेस के प्रतिनिधिमंडल के सदस्य चुने गए। गुप्त पत्राचार समिति में शामिल किए गए। कनाडा का सहयोग प्राप्त करने हेतु कमिश्नर दल के सदस्य नियुक्त।

- 1776 – 'डिक्लेरेशन ऑफ इंडिपेंडेंस' का मसौदा तैयार करनेवाली समिति में सम्मिलित किए गए। पेंसिल्वेनिया की संवैधानिक समिति के अध्यक्ष चुने गए। उपनिवेशों के एजेंट के रूप में फ्रांस भेजे गए।
- 1778 – रक्षात्मक सहयोग व बंधुत्व एवं वाणिज्य संधियों को अंतिम रूप देना।
- 1779 – मिनिस्टर प्लेनिपोटेंशियरी टू फ्रांस नियुक्त।
- 1780 – पॉल जोन्स को 'एलायंस' का कमांडर नियुक्त किया।
- 1782 – शांति के प्रारंभिक अनुच्छेदों पर हस्ताक्षर करना।
- 1783 – शांति की निश्चित संधि पर हस्ताक्षर।
- 1785 – अमेरिका वापसी, पेंसिल्वेनिया के प्रेसीडेंट चुने गए।
- 1786 – पुनः पेंसिल्वेनिया के प्रेसीडेंट पद पर निर्वाचित।
- 1787 – फेडरल संविधान के निर्माण प्रतिनिधिमंडल के सदस्य नियुक्त।
- 1788 – सार्वजनिक जीवन से संन्यास।
- 1790 – 17 अप्रैल को मृत्यु। उनकी कब्र फिलाडेल्फिया के फिफ्थ एंड आर्च स्ट्रीट्स में है।

□

फ्रैंकलिन और उनकी विरासत

इस प्रकार, अब तक आपने बेंजामिन फ्रैंकलिन की उतार-चढ़ाव और उच्च निम्न घटनाक्रमों से भरी रोमांचक गाथा उनकी जुबानी सुनी। कैसे एक साधारण बालक से संघर्ष करते हुए वे विभिन्न उच्च सरकारी पदों पर पहुँचे। उन्होंने समाज-सुधार के अनेक कार्य किए। नए-नए प्रयोगों द्वारा जनसाधारण के उपयोग की चीजें ईजाद कीं। अब आगे—

उनकी जन-संपर्क की असाधारण योग्यता के चलते अमेरिकी सरकार ने सन् 1776 में उन्हें फ्रांस में अपना कमिश्नर बनाकर भेज दिया। वे सन् 1785 तक फ्रांस में रहे। इस दौरान अपने देश के मामलों को उन्होंने फ्रांस में बड़ी सफलता के साथ उठाया। सन् 1778 में उन्होंने एक महत्त्वपूर्ण सैन्य गठबंधन का निर्माण किया और सन् 1783 में पेरिस संधि पर वार्त्ता आयोजित की। उनके प्रयासों के चलते, कहा जाता है कि स्वीडन ने सबसे पहले संयुक्त राज्य अमेरिका को एक गणतंत्र के रूप में मान्यता प्रदान की।

पेरिस में 27 अगस्त, 1783 को दुनिया का पहला हाइड्रोजन बैलून उड़ाया गया। यह वहाँ से उड़ाया गया, जहाँ आज एफिल टावर खड़ा है। इस उड़ान को बैंजामिन ने अपनी आँखों से देखा और इससे उत्साहित होकर मानवयुक्त हाड्रोजन बैलून की आगामी योजना पर काम करने लगे, जो 1 दिसंबर, 1783 को साकार हुई।

सन् 1785 में फ्रैंकलिन जब वापस अमेरिका लौटे तो राष्ट्रपति जॉर्ज वॉशिंगटन के बाद दूसरे नंबर पर उनकी गिनती होती थी। वे संयुक्त राज्य

अमेरिका के संस्थापकों में से एक थे। संयुक्त राज्य अमेरिकी की स्थापना से संबंधित सभी प्रमुख दस्तावेजों—स्वतंत्रता की घोषणा, फ्रांस के साथ गठबंधन की संधि, पेरिस की संधि और अमेरिकी संविधान—सभी में वे सह-हस्ताक्षरकर्ता थे।

18 अक्तूबर, 1785 को फ्रैंकलिन पेंसिल्वेनिया के राष्ट्रपति निर्वाचित हुए। यह तात्कालिक पद आधुनिक गवर्नर के पद के समकक्ष था। वे नवंबर, 1788 तक इस पद पर बने रहे, लेकिन आखिरी दिनों में वृद्धावस्था के चलते उनकी राजनीतिक सक्रियता कम हो गई।

फ्रैंकलिन ने जीवन में अपने कोई सिद्धांत प्रतिपादित नहीं किए। वे नैतिकता के रास्ते पर चले। उन्होंने जोर देकर कहा कि नया अमेरिकी गणतंत्र नैतिकता के मार्ग पर चलकर ही उन्नति कर सकता है। वे धर्म के संगठित ढाँचे के समर्थक थे। उन्हें यकीन था कि संगठित धर्म ही व्यक्ति को व्यक्ति से जोड़ सकता है। लेकिन वे कभी चर्च नहीं गए—समयाभाव के चलते अथवा संभवत: अपने जीवन की उलझनों के चलते। हालाँकि फ्रैंकलिन के माता-पिता दोनों पवित्र प्यूरिटनवादी थे और नियमित चर्च जाते थे। प्यूरिटनवाद इंग्लैंड का एक प्रोटेस्टैंट आंदोलन था। इन्हीं गुणों और जीवन-मूल्यों के बीच फ्रैंकलिन पले-बढ़े थे। उनके साथ उन्होंने आजीवन प्रतिबद्धता बरकरार रखी और अपने नागरिक कार्यों तथा प्रकाशन के माध्यम से वे अमेरिकी संस्कृति में इन मूल्यों को स्थायी रूप से पारित करने में सफल रहे। उनमें नैतिकता के लिए एक जुनून था। इन प्यूरिटनवादी मूल्यों में शामिल था—समतावाद के प्रति उनका समर्पण, शिक्षा, परिश्रम, बचत, ईमानदारी, संयम, दान और सामुदायिक भावना।

फ्रैंकलिन का जोर 'स्वयं में और अपने समाज में नैतिकता और चरित्र पैदा करने पर' था। उन्होंने नैतिकता पर खूब लिखा भी। इस लेखन की कुछ यूरोपीय लेखकों ने निंदा भी की।

फ्रैंकलिन की एक बड़ी विशेषता थी उनका सभी चर्चों के प्रति सम्मान, सहिष्णुता और उन्हें बढ़ावा देना। यही कारण था कि बहुत से उपदेशक उनसे मिलने को लालायित रहते थे, क्योंकि उनकी एक सिफारिश

भर से वे सैकड़ों-लाखों लोगों को अपनी ओर आकर्षित कर सकते थे।

फ्रैंकलिन के माता-पिता चाहते थे कि उनका बेटा चर्च के कार्यकर्ता के रूप में कैरियर बनाए। लेकिन उन्होंने अपना अलग रास्ता चुना, हालाँकि उन्होंने इस बात से इनकार नहीं किया कि उन्हें ईश्वर में अनास्था थी। अपनी आत्मकथा में उन्होंने जोर देकर कहा है कि वे गहन ईश्वरवादी हैं, लेकिन ईसाई सिद्धांतवाद को सन् 1725 में एक पैंफलेट 'ए टिजर्टेशन ऑन लिबर्टी एंड नेसेसिटी, प्लेजर एंड पेन' में उन्होंने खारिज कर दिया, जिसे बाद में उन्होंने एक शर्मिंदगी के रूप में देखा और खेद जताते हुए कहा कि ईश्वर पूर्ण बुद्धिमान, पूर्ण अच्छे, पूर्ण शक्तिशाली हैं। इस प्रकार जिस धार्मिक सिद्धांत को उन्होंने अस्वीकृत किया था, मान लिया।

उनके समर्थक उन्हें 'सहनशीलता का पैगंबर' कहते थे। एक समर्थक के अनुसार, फ्रैंकलिन सामान्यतया धर्म के एक अधिवक्ता थे। वे 'शक्तिशाली अच्छाई' की प्रार्थना करते थे और ईश्वर को 'अनंत' के रूप में निर्दिष्ट करते थे। जॉन एडम्स के अनुसार, "फ्रैंकलिन एक दर्पण थे, जिसमें लोग अपने धर्म को देखते थे। कैथोलिक उन्हें लगभग पूर्ण कैथोलिक मानते थे। इंग्लैंड के चर्च उन्हें अपने में से एक के रूप में देखते थे। प्रेस्बिटर पंथी उन्हें एक आधा प्रेस्बिटेरियन मानते थे और दोस्तों ने उन्हें एक भावुक क्वेकर माना।"

दरअसल फ्रैंकलिन सामान्य धर्म के एक सच्चे पुरोधा थे। उनका मानना था कि धर्म को सरकार की मदद के बिना अपनी सहायता खुद करनी चाहिए। उनका दावा था कि जब एक धर्म अच्छा है तो वह खुद की सहायता करेगा और जब वह अपनी सहायता नहीं कर सकता तो यह उसके बुरे होना का एक संकेत है।

मृत्यु

फ्रैंकलिन का अधिकतर जीवन फिलाडेल्फिया में बीता। यहीं से उन्होंने अपनी जिंदगी की शुरुआत की और एक मुकाम हासिल किया। अपने जीवन का आखिर वक्त भी उन्होंने यहीं बिताया। पेंसिल्वेनिया के राष्ट्रपति पद से सेवानिवृत्ति के पश्चात् सरकार आखिरी समय तक उनकी

सेवाएँ लेती रही। वे कई समितियों में शामिल रहे और उनके सुझावों को सर्वोपरि अहमियत मिलती रही।

17 अप्रैल, 1790 को रात के करीब 11 बजे उन्होंने अपने जीवन की अंतिम साँस ली और अपने पीछे छोड़ गए 84 साल और 3 महीने का लंबा तथा उपयोगी जीवन-वृत्तांत। डॉ. जॉन जोंस ने उनकी मृत्यु का वर्णन करते हुए लिखा था—

"....जब साँस लेने में दर्द और कठिनाई ने उन्हें पूरी तरह से छोड़ दिया और उनका परिवार उनके स्वस्थ हो जाने के खयाल से खुश हो रहा था, तब उनके फेफड़ों में स्वत: गठित एक फोड़ा अचानक फट गया और कुछ स्राव तब तक निकलता रहा, जब तक उनमें शक्ति बची रही; पर जब वह विफल हो गया, श्वसन तंत्र धीरे-धीरे क्षीण हो गया। एक शांत, सुस्त स्थिति ने उन्हें घेर लिया और उनकी मृत्यु हो गई।"

फ्रैंकलिन को फिलाडेल्फिया के क्राइस्ट चर्च बेरिअल ग्राउंड में दफनाया गया। उनके अंतिम संस्कार में लगभग बीस हजार लोगों ने भाग लिया।

विरासत

फ्रैंकलिन का जीवन-वृत्तांत विश्व विरासत की एक महान् धरोहर है। यह एक ऐसे लड़के की कहानी है, जिसने स्वयं को पात्र के रूप में रखकर अपने जीवन की कठोर धरातल पर सत्य में रूपांतरित होती एक काल्पनिक कथा को साकार किया। इसका अनुसरण किया जा सकता है। कोई भी कर सकता है और महान् बन सकता है।

फ्रैंकलिन को अमेरिका का एक संस्थापक जनक माना जाता है। संयुक्त राज्य अमेरिका के प्रारंभिक इतिहास में उनका व्यापक प्रभाव रहा है। उनके बारे में कहा जाता है कि 'वे संयुक्त राज्य अमेरिका के एकमात्र ऐसे राष्ट्रपति थे, जो कभी संयुक्त राज्य अमेरिका के राष्ट्रपति नहीं थे।' उनकी व्यापकता का अंदाजा इसी बात से लगाया जा सकता है कि देश भर में उनकी सैकड़ों प्रतिमाएँ लगी हुई हैं। डॉलरों, पदकों व डाक टिकटों पर

उनके चित्र छपते हैं। पुल, स्कूल, कॉलेज उनके नाम पर हैं। अस्पताल उनके नाम से चलते हैं। कई संग्रहालय उनको समर्पित हैं।

बहुआयामी व्यक्तित्व

अच्छे लेखन, वैज्ञानिक और राजनेता के अलावा फ्रैंकलिन अच्छे संगीतकार और शतरंज के खिलाड़ी भी थे। उन्हें वायलिन, वीणा और गिटार बजाने के लिए जाना जाता है। उन्होंने संगीत रचना भी की। विशेष रूप से प्रारंभिक शास्त्रीय शैली में एक स्ट्रिंग क्वार्टेट और ग्लास हारमोनिका के एक परिष्कृत संस्करण का आविष्कार किया, जिसमें प्रत्येक ग्लास को अपने आप में घूमने के लिए डिजाइन किया गया था और वादक की उँगलियाँ इसमें स्थिर बनी रहती हैं। इस संस्करण ने जल्द ही यूरोप में अपनी जगह बना ली।

फ्रैंकलिन शतरंज खेलने के शौकीन थे। वे करीब सन् 1933 से शतरंज खेल रहे थे, जिसने उन्हें अमेरिकी उपनिवेशों में अपने नाम से पहचाना जाने वाला शतरंज का पहला खिलाड़ी बना दिया।

फ्रैंकलिन का परिवार

फ्रैंकलिन ने 1 सितंबर, 1730 को डेबोटा रीड के साथ विवाह किया। इसकी थोड़ी चर्चा उन्होंने अपनी आत्मकथा में भी की है। इस दंपती को दो संतान हुईं। अक्तूबर, 1732 में जन्मा पहला बच्चा फ्रांसिस फोल्गर फ्रैंकलिन चार साल बाद 1736 में चेचक से मर गया। सारा फ्रैंकलिन, जिसे सैली नाम से ज्यादा जाना जाता था, सन् 1743 में पैदा हुई। उसने रिचर्ड बाख से शादी की, जिससे उसे 7 बच्चे हुए।

डेबोटा रीड को समुद्र से भय लगता था, अतः फ्रैंकलिन के काफी जोर देने पर भी वह उनके साथ यूरोप की लंबी यात्राओं में कभी नहीं गई। कहते हैं कि बैंजामिन फ्रैंकलिन की लंबी यात्राओं से डेबोटा हताश हो चली थी। लंबी जुदाई की एकाकी रातें उसे बेहद डराती थीं। ऐसे ही एक लंबे दौरे पर जब फ्रैंकलिन इंग्लैंड में थे, डेबोटा रीड 1774 में मर गई।

फ्रैंकलिन ने 24 साल की उम्र में, सन् 1730 में सार्वजनिक रूप से विलियम नाम के एक अवैध बेटे का होना स्वीकार किया, हालाँकि उन्होंने उसकी माँ का नाम सार्वजनिक नहीं किया।

विलियम की अपने पिता से कभी नहीं बनी। वह न्यू जर्सी का गवर्नर रहा। बाद में इंग्लैंड जाकर बस गया और फिर कभी नहीं लौटा।

आविष्कारक फ्रैंकलिन

फ्रैंकलिन ने जरूरत के अनुसार कई आविष्कार किए, लेकिन कभी उन्हें पेटेंट कराने की कोशिश नहीं की। उनका मानना था कि जैसे हम दूसरों की चींजें इस्तेमाल करते हैं, उन्हें भी हमारी चीजों को इस्तेमाल करने का हक है।

उन्होंने फ्रैंकलिन स्टोव, बाइफोकल चश्मा, ग्लास आर्मोनिका, फ्लेक्सिबल यूरीन कैथेटर आदि उपकरण ईजाद किए। उन्होंने गल्फ स्ट्रीम चार्ट तैयार किया, जिससे नाविकों को समुद्री यात्रा में लगनेवाला समय घट गया। प्रिंटिंग तकनीक में भी उन्होंने नए-नए प्रयोग करके इसे तेज और आधुनिक बनाया। उन्होंने बिजली की खोज की और बिजली के दो ध्रुवों को पहले-पहल धनात्मक और ऋणात्मक नाम दिए। आवेश संरक्षण सिद्धांत की खोज करने वाले वे प्रथम व्यक्ति थे।

उन्होंने एक प्रयोग द्वारा यह सिद्ध किया कि आकाशीय बिजली विद्युत् है। इसके लिए उन्होंने 10 मई, 1752 को एक प्रयोग किया, जिसमें 12 मीटर लंबे लोहे की छड़ का प्रयोग करके उन्होंने बादलों से विद्युतीय चिनगारियाँ निकालीं। उनका पतंग प्रयोग प्रसिद्ध है।

उन्होंने मौसम विज्ञान संबंधी काफी खोजें कीं। तूफानों की खोजबीन करके उन्होंने निष्कर्ष निकाला कि तूफान हमेशा मौजूदा हवा की दिशा में यात्रा नहीं करते अर्थात् वे किसी भी दिशा में आगे बढ़ सकते हैं। उनकी इस अवधारणा ने मौसम विज्ञान पर काफी प्रभाव डाला।

फ्रैंकलिन ने प्रशीतन के एक सिद्धांत को तब जाना, जब उन्होंने एक अत्यंत गरम दिन में बहती हवा में एक सूखी कमीज की तुलना में एक गीली

कमीज पहनकर ज्यादा ठंडक महसूस की। इसे अधिक समझने के लिए उन्होंने कई प्रयोग किए और निष्कर्ष निकाला कि 'गरमी के मौसम के एक गरम दिन में आदमी ठंड से ठिठुरकर मर सकता है।'

फ्रैंकलिन ने चालकता पर ताप के प्रभाव के नियम की खोज की और प्रतिपादित किया कि ताप की एक निश्चित मात्रा कुछ वस्तुओं को अच्छा चालक बना देती है, जो अन्यथा चालक नहीं बनते। उदाहरण के तौर पर उन्होंने बताया कि काँच जो एक कुचालक है, यदि उसे उचित मात्रा में तापित किया जाए तो वह सुचालक बन सकता है, वहीं पानी जो एक स्वाभाविक रूप से अच्छा चालक है, बर्फ के रूप में जमने पर कुचालक हो जाता है।

सन् 1762 में ऑक्सफोर्ड विश्वविद्यालय में फ्रैंकलिन को उनकी वैज्ञानिक उपलब्धियों के लिए डॉक्टरेट की मानद उपाधि से सम्मानित किया और उसके बाद वे डॉक्टर फ्रैंकलिन कहलाने लगे।

अमेरिकी क्रांति और आजादी

फ्रैंकलिन के जन्म से पहले ही अमेरिकी जनता ब्रिटिश उपनिवेश के तले कसमसाने लगी थी। जनता अब आजादी चाहती थी। फ्रैंकलिन का शैशव इंग्लैंड में बीता, लेकिन अपनी युवावस्था में वे अमेरिका आ गए और फिलाडेल्फिया में उनके भावी जीवन की नींव पड़ी। इसलिए अपनी मातृभूमि से अधिक उनका जुड़ाव अमेरिका के प्रति रहा। उन्होंने अमेरिकी क्रांति में अपने पैने लेखों से भरसक सहयोग दिया। अमेरिका और यूरोप के रिश्तों को सुधारने के लिए दोनों ओर से उन्हें सेतु की तरह प्रयोग किया गया।

मई, 1775 में अमेरिकी क्रांति की आग काफी तेज भड़क चुकी थी। अंततः 1776 में अमेरिका को आजादी मिल गई। यूरोपीय देशों से सहयोग को बढ़ावा देने के लिए इसी वर्ष फ्रैंकलिन को फ्रांस में अमेरिकी राजदूत बनाकर भेज दिया गया। इसके बाद का घटनाक्रम पीछे दिया जा चुका है।

फ्रैंकलिन की कुछ प्रसिद्ध आदर्श सूक्तियाँ

- जो अपनी बुद्धिमानी को नहीं छिपा सकता, वह एक मूर्ख व्यक्ति है।

- जब कुआँ सूख जाता है, तब हमें पानी की कीमत पता चलती है।
- भूख सबसे अच्छा अचार है।
- एक पैसा बचाना ही एक पैसा कमाना है।
- सोती लोमड़ी मुर्गियाँ नहीं पकड़ सकती। उठो, जागो।
- तीन लोग गोपनीयता बनाए रख सकते हैं, अगर उनमें से दो मर जाएँ।
- काम ऐसे करो मानो सैकड़ों साल जीना है और प्रार्थना ऐसे करो मानो कल ही जिंदगी का अंत है।
- जीने के लिए खाओ, खाने के लिए मत जीओ।
- एक अच्छी मिसाल सबसे अच्छा धर्मोपदेश है।
- दूसरों के गुण देखो और अपने दोष।
- बिना जोखिम के लाभ नहीं मिलता।
- अपने दुश्मनों को प्यार करो, क्योंकि वे तुम्हारी गलतियाँ बता देते हैं।
- तिरस्कार का डंक इसकी सच्चाई है।
- कई बार पलक झपकने से पहले ही अच्छे मौके हाथ से निकल जाते हैं, इसलिए समय की कीमत पहचानें।
- खराब लोहे से अच्छा चाकू नहीं बनाया जा सकता।
- आधा सच अकसर एक बड़ा झूठ होता है।
- ईश्वर उन्हीं की मदद करता है जो अपनी मदद आप करते हैं।
- सच्चाई और ईमानदारी आग और लपट की तरह हैं, जिन्हें लाख चाहकर भी नहीं छिपाया जा सकता।
- लगातार तकलीफों और हानियों से जूझते हुए आदमी ज्यादा नम्र और बुद्धिमान हो जाता है।
- आदमी गलती करता है। परमात्मा पश्चात्ताप करता है और शैतान उसे जारी रखता है।
- अच्छा बोलने से अच्छा करना ज्यादा बेहतर है।
- दोस्त बनाने में सावधानी बरतें और बदलने में और ज्यादा सावधानी बरतें।

- अमीर कौन है? जो अपने हिस्से का आनंद उठा लेता है।
- जो लोग अपने में ही सिमटे रहते हैं, छोटे पैकेट की तरह होते हैं।
- असंतुष्ट आदमी कहीं सुखी नहीं रहता।
- जो ज्यादा बोलता है, गलतियाँ भी ज्यादा करता है।
- काँच, चीनी मिट्टी के बरतन और प्रतिष्ठा आसानी से टूट जाते हैं और सुधारने से कभी नहीं सुधरते।
- अपने बड़प्पन का अहंकार मारक जहर के समान होता है।
- शादी से पहले अपनी आँखें पूरी खुली रखें और बाद में आधी बंद कर लें।
- रोकथाम का एक औंस इलाज के एक पाउंड के बराबर है।
- भगवान् की सबसे स्वीकार्य सेवा मानव मात्र की भलाई करना है।
- मछलियाँ और मेहमान तीन दिन में बदबूदार हो जाते हैं।
- जो लोग थोड़ी सी अस्थायी सुरक्षा खरीदने के लिए आवश्यक स्वतंत्रता को तिलांजलि दे देते हैं, वे न तो स्वतंत्रता के लायक हैं न सुरक्षा के।
- ज्ञान जीभ की तुलना में कान द्वारा ज्यादा प्राप्त किया जाना चाहिए। अर्थात् हमें बोलने की बजाय सुनकर ज्यादा ज्ञान प्राप्त करना चाहिए।
- आवश्यकता अच्छे सौदे की दुश्मन है।
- गाड़ी का सबसे खराब पहिया ही सबसे ज्यादा शोर करता है।
- वफादार दोस्त तीन हैं—बूढ़ी पत्नी, पुराना कुत्ता और नकद पैसे।
- मौन हमेशा बुद्धिमानी की निशानी नहीं होता, लेकिन बड़बड़ाना हमेशा मूर्खता की निशानी है।
- भीड़ एक राक्षस है, इसमें सिर तो बेशुमार होते हैं लेकिन दिमाग एक भी नहीं होता।
- धन हासिल करने के लिए अपना ईमान न बेचें, न ही सत्ता हासिल करने के लिए अपनी आजादी का सौदा करें।

- अचानक प्राप्त हुई सत्ता ढीठ बना देती है, अचानक प्राप्त हुई आजादी धृष्ट बना देती है, इनका धीरे-धीरे पाना ही बेहतर है।
- विश्वास से देखना है तो कारण की ओर से आँख मूँद लें।
- तीन बार भरपूर भोजन आदमी को आलसी बना देता है।

फ्रैंकलिन के जीवन-लक्ष्य

सन् 1726 में 20 वर्ष की आयु में फ्रैंकलिन ने अपने जीवन के कुछ लक्ष्य निर्धारित किए और चरित्र के परिष्कार के लिए कुछ नियम तय किए और जीवन भर उनका पालन किया। ये नियम थे—

- **शांति :** तुच्छ बातों या सामान्य अथवा होनी से कभी न डरें। शांत बने रहें।
- **संकल्प** जो करना जरूरी हो उसे करने का संकल्प करें और उसे बिना असफल हुए करके ही मानें।
- **श्रम :** समय नष्ट न करें। हमेशा किसी-न-किसी सार्थक कार्य में लगे रहें। सभी गैर-जरूरी या बेकार के कामों में कटौती करें।
- **मितव्ययता :** अपने या दूसरे के भले के लिए खर्च करें अर्थात् पैसा व्यर्थ बरबाद न करें।
- **निग्रह :** अतिवाद से बचें। क्रोध में चोट करने से बचें, यदि प्रतिपक्षी उसका हकदार हो तब भी।
- **विनम्रता :** यीशु और सुकरात का अनुगमन करें।
- **संयम :** भोजन इतना ही करें जो शरीर में आलस न भरे। इतना न पिएँ कि नशा हो जाए।
- **निष्ठा :** दल-बदल का प्रयोग न करें, जिससे किसी को हानि हो। निश्छल और न्यायपूर्ण तरीके से सोचें और उसी के अनुसार बोलें, अन्यथा शांत रहें।
- **मौन :** वही बोलें जिससे आपका या दूसरों को लाभ हो, भला हो। घटिया बातचीत से बचें।
- **शुचिता :** स्वास्थ्य या संतानोत्पत्ति के लिए ही स्त्री-प्रसंग करें।

प्रतिष्ठा के प्रतिकूल इसका प्रयोग न करें।

- **न्याय :** जबरदस्ती आरोप लगाकर अपनी झूठी बात को सच न बनाएँ। अपने कर्तव्य का पालन करें और समाज को वे लाभ पहुँचाएँ, जिनको पाने के वे हकदार हैं।
- **व्यवस्था :** अपनी सभी चीजें व्यवस्थित रखें, ताकि अँधेरे में भी उन्हें उठा सकें। हर काम नियत समय पर ही करें।
- **स्वच्छता :** शरीर स्वच्छ रखें। घर स्वच्छ रखें। स्वच्छ वस्त्र धारण करें। स्वयं स्वच्छ रहोगे, तभी अपने परिवेश को स्वच्छ रखोगे।

इस प्रकार बेंजामिन फ्रैंकलिन अपने बनाए नियमों, आदर्शों पर अंत समय तक डटे रहे। ये आदर्श अनुकरणीय हैं। उनकी महानता की गाथा कहती है कि ये नियम चरित्र-निर्माण के 'पारस' हैं, जिनका स्पर्श लोहे को भी स्वर्ण में रूपांतरित कर सकता है। ये नियम सचमुच अनुकरणीय हैं। फ्रैंकलिन की ये विरासत सभी के लिए है। इसे सीमांकित नहीं किया जाना चाहिए। सचमुच, फ्रैंकलिन भी यही चाहते थे। उनकी आत्मकथा सभी के लिए अनुकरणीय है।

□□□